橘子禪

呼吸，微笑，步步安樂行

一行禪師 Thich Nhat Hanh 著

方怡蓉 譯

Peace Is Every Step

The Path of Mindfulness in Everyday Life

目次

009 【序一】和平，先從個人內在中醞釀——達賴喇嘛
010 【序二】注意呼吸、重拾微笑——釋惠敏
017 【導論】在每個正念分明的當下——游祥洲
025 【英文版編者引言】時時可得的幸福感——阿諾·柯勒

第一部 呼吸！你是生氣蓬勃的

036 全新的二十四小時
038 蒲公英擁有我的微笑
041 注意呼吸
043 當下此刻最美妙
045 別想太多

047 時時刻刻增長覺知
051 隨處禪坐
053 禪坐
055 正念的鐘聲
057 兒時的餅乾
058 橘子禪
060 聖餐
061 正念分明地用餐
065 清洗碗盤
067 步行禪
070 電話禪
073 駕駛禪
078 打破區隔
080 呼吸與割草
082 無目標

085 我們的生命是藝術品
088 「希望」是一種障礙
091 拈花微笑的智慧
095 觀呼吸小間
099 繼續旅程

第二部 轉化與療癒

102 感受的河流
104 不動手術
106 轉化感受
110 正念觀照憤怒
113 搥枕頭出氣
115 憤怒時的步行禪
117 煮馬鈴薯

119 憤怒的根源
121 心結
125 共同生活
127 注視著自己的手
128 父母親
132 培養健康的種子
137 哪裡沒問題？
139 責備毫無幫助
141 本性
143 瞭解
144 真愛
146 悲憫觀
149 慈愛觀
151 擁抱禪
153 友誼的投資

154 懷抱孫兒是人生一大樂事
155 正念生活的社區
158 正念必須入世

第三部 步步安樂行

162 相互依存
165 鮮花與垃圾
169 為和平奮鬥
171 不二
173 撫平戰爭的傷痛
176 太陽是我心
178 深入觀察
180 正念分明的生活藝術
184 培養覺察力

給國會議員的情書 186
公民權 188
心靈生態學 190
戰爭的根源 191
個人如片葉，莖幹共扶持 193
彼此相繫 196
和解 198
請以種種真實之名呼喚我 201
苦難助長悲心 207
愛的實踐 209
一條河流的故事 213
邁向二十一世紀 216

序一
和平，先從個人內在中醞釀

◎達賴喇嘛

雖然試圖透過個人內在的改變來促進世界和平有困難，但是除此之外別無他法。無論我走到哪裡都如此聲明，而來自各行各業的人頗能接受這種觀念，這對我是一大鼓舞。和平，首先必須在個人內在中培養，而且我也相信慈愛、悲心、利他都是和平的主要基礎。只要個人內在發展出這些特質，這個人就能創造一種和平與和諧的氣氛，這種氣氛可以從個人擴展延伸到家庭，從家庭到社區，最後擴及整個世界。

《橘子禪》正是以此為方向指引人們前進的一本指南。一行禪師一開始教導對呼吸的注意與日常生活一般行為的覺察，然後教我們如何運用正念與專注的效益，轉化並治療棘手的心理狀態，最後他對我們說明個人內在的平靜與大地的和平之間的關聯。這本書非常值得一讀，它可以改變個人的生活，也改變整個社會的生命。

序二

注意呼吸、重拾微笑：直指現前一念本來解脫自在

◎釋惠敏

二〇〇六年八月二十三日星期三下午四點三十一分（為學習一行禪師之「時時刻刻增長覺知力」的教導），我的電子信箱中出現一封主旨是「橡實文化誠摯邀請惠敏法師撰寫《橘子禪》一書之推薦序」的信件。此信附加有該書之目次與第一部的稿件為附件，信中提到：橡實文化有一本新書《橘子禪》，是一行禪師（Thich Nhat Hanh）之前曾在臺灣出版的《步步安樂行》（*Peace is Every Step: The Path of Mindfulness is Everyday life*）所重新簽署版權、翻譯、編輯而成的，不曉得橡實文化是否有這榮幸，邀請惠敏法師寫一至兩千字的推薦序呢？

當時，以我過去拜讀一行禪師文章的印象，以及瀏覽該書之目次與第一部的稿件後，立即感受到禪師之行雲流水的禪法，呼吸似春風沐人，清涼自

在，微笑如甘露灑身，禪悅滋潤。我想像若能一睹全文，豈不快哉？於是，未加思索，便回信答應了。

不久，該書全文寄到，精讀賞析之際，再次領會到禪師之「創意方便」的善巧、「從小見大」的智慧、「周遍含容」的慈悲與「相互依存」的淨土社區信願，法喜充滿。但是等到要提筆寫序文時，開始有些後悔當初一諾無辭的快意，因為在我腦海中首先浮起的念頭是：禪師的作品猶如一篇生命樂章，好像一幅人生圖畫，只要讀者親自欣賞，必能心領神會，簡直沒有我插一句嘴的餘地。

但是，為了信守諾言，只好亂拳比劃幾下，實有畫蛇添足之譏，但希望不要亂拳打壞禪師的渾然天成之作。

一、「創意方便」的善巧

整體來看，禪師將佛教《念住經》之「四念住」（the fourfold establishment of mindfulness，或譯為「四念處」的修習法，是認識自己的身體之呼吸與動作、感受、心識、法則真理等四方面，時時徹知無常，去除對身心世界的貪瞋，使念念分明，憶持不忘，敏銳且安住）整合為「正念三部曲」：

第一部—呼吸！你是生氣蓬勃的（呼吸是無法錯失的一種喜悅）。

第二部—轉化與療癒（感受的河流）。

第三部—步步安樂行（體會「相互依存〔inter being〕的法則」）。

二、「從小見大」的智慧

書中第一部所謂「橘子禪」，即是每次你看著一顆橘子的時候，都可以深入透視它；你可以在一顆橘子裡看到宇宙萬物，從此也可展開「正念分明地用餐、清洗碗盤」、「步行禪」、「電話禪」、「駕駛禪」、「打破區隔」、「呼吸與割草」等日常生活中的禪法。因為眼前一切都已具足，就在你自身之中，本來解脫自在（「無住」）。所以，不預先設置某種事物而去追求（「無願」），在各種食、衣、住、行等日常作務、一切之起心動念、揚眉瞬目等日常生活，皆是佛性之顯現。

三、「周遍含容」的慈悲

書中第二部，以轉化與療癒感受的河流為主題，以(1)看著、認清它，(2)與感受合而為一，(3)平息感受，(4)釋放感受，放下它，(5)深入觀察等五個步驟來轉化感受。進而將由苦受、樂受、不苦不樂受所集合成的感受河流，發展為拔除眾生苦難的「悲憫觀」與給予眾生安樂的「慈愛觀」。並將西方的「擁抱」習俗，結合東方的禪法，在擁抱中加上注意呼吸的練習，回到當下此刻，體會專注深刻的感受。

四、「相互依存」的淨土社區信願

書中第三部，將「無我」的佛法，了知生命非獨立自存，宏觀生命是存在於相依相存的生態系統，猶如生命大海中的浪花。並且提出「相互依存社區」的十四條守則。

其中，與佛教所說「八正道：正見；正思惟；正語；正業（端正的行為）；正命（正當的職業）；正勤、正念、正定」，比較有關的是：⑴不盲目崇拜任何意識形態。⑵不要認為你目前擁有的知識是不變、絕對的真理。⑶不強迫別人接受你的觀點。⑷不逃避苦難。⑸不積聚財富，生活儉樸，奉獻社會與共享資源。⑹不懷憤恨。⑺不要心思散亂。⑽不圖利，不涉及政治黨派之間的衝突。⑾選擇不危害人類及自然的職業。

與「五戒」（不殺生、不偷盜、不邪淫、不妄語）比較有關的是：⑿不殺生，保護生命，避免戰爭。⒁不要虐待自己的身體，要以尊重的態度善待它；情慾的表達不能沒有愛與承諾，建立性關係時，要清楚知道將來可能引起的苦果。⒀不偷盜或侵占。⑻不說會引起嫌隙破壞團體的話。⑼誠實。

此外，此書還有許多精彩珠玉，無法詳述，例如：對於被海盜強暴的海上難民少女的傷痛，禪師以「請以種種真實之名呼喚，因為我的名字不計其數」的詩，來表達寬恕慈悲的真意。詩中，我們感受到「無常、無我」的各種各類眾生的戲劇場景，隨各種不同的因緣，變換角色，或是蓓蕾、雛鳥、毛毛蟲、寶石、蜉蝣、青蛙、草蛇、烏干達的小孩、軍火販子、被海盜強暴而跳海自盡的十二歲難民少女、海盜、大官員、勞改營囚者……讓我們能同時聽見所有的哭泣與歡笑，感受到喜悅與痛苦是一體，讓我的心門敞開，進入慈悲之門。

直指現前一念本來解脫自在

古今中外禪師們各有不同風範，但是直指現前一念本來解脫自在（「無住」）則是禪宗的精髓。所以，在各種每天日常生活之行、住、坐、臥等活動、各種角色的變換與善惡苦樂因果，皆是佛性之隨緣流布，覺悟者即可於此開發智慧與慈悲。這種禪思想容易滲透到社會各階層、各領域，進而形成各類具有特色的能力、儀式與習俗的禪文化。如此，或許可達成禪師所期許的願景：

給予下一個世紀一座美麗的花園，以及一條明確的道路。

牽著你孩子的手，請他／她跟你到戶外，一起坐在草地上。你們兩人可能想要靜觀綠草、草叢中的小花，還有藍天，一起呼吸、微笑——那就是和平的教育。

如果我們知道如何欣賞這些美麗的事物，就不必尋求其他任何東西。和平寧靜就在當下的每一刻，在每一口呼吸，也在跨出的每一步。

釋惠敏

二〇〇六年九月七日

（本文作者為日本國立東京大學文學博士、法鼓文理學院校長）

導論

在每個正念分明的當下

◎游祥洲

※本文是游祥洲老師於一九九五年為《步步安樂行》（即本書《橘子禪》）所寫的導論，經得作者授權刊載，再次與讀者分享，特此感謝。

一九八八年春天，初次接觸了一行禪師的禪法。那時我正在柏克萊加州大學從事博士後研究，由於日本友人的介紹，讀到了一行禪師的英文著作《正念的奇蹟》（*The Miracle of Mindfulness*）。這一本再版多次，並且名列宗教暢銷書的著作，在歐美帶動了禪學的新風潮。筆者一開始讀這本書，就深深地被它雋永的文字與平易近人的禪法所吸引。尤其重要的是，書中直截了當地指出。「正念」（Mindfulness）是佛法修行的根本大法。

熟悉大小乘佛法的朋友都知道，「正念」是佛陀所開示「八正道」的綱領之一，也是三十七道品的重要內涵，但是把「正念」特別顯揚出來，用它來掌握生命的脈動，用它來貫穿全體佛法，卻是一行禪師獨到的見解。讀完了《正念的奇蹟》，筆者豁然省悟，從初發心到成佛，畢竟只是在當下一念做功夫，畢竟只是在當下一念自己作主而已！

於是從一九九〇年起，筆者以一行禪師「正念禪」為主題所做的公開演講，從臺灣頭到臺灣尾，從美西到美東，四年來已在百次以上。此後多方搜集一行禪師的英文著作，真是接觸愈多，愈感殊勝！在此同時，筆者多次親近臺灣靈泉寺惟覺老和尚習禪，於是在實修中，更清晰地得到了有力的印證。當代兩位稀有善知識的卓越教學，為我帶來了「佛佛道同」的親切體認！

令人振奮的是，一九九〇年起，臺灣的《菩提樹》月刊和《十方》雜誌也陸續地推出了一行禪師的中譯稿。包括《祥和人生》（*Being Peace*）、《相即》（*Interbeing*，本書中翻為「相互依存」）、《般若行深處》（*The Heart of Understanding*，般若心經註解）等書，都由島內佛教界幾位十分傑出的行家予以譯出。很顯然地，一行禪師的禪法自一九七六年歐美開始弘傳以後，這一股風潮，已經逐漸接近臺灣。

一九九一年，一行禪師的另一本英文新作《橘子禪》又在歐美引起熱烈的迴響。同年歐美暢銷書排行榜中，《橘子禪》列名非小說類第七名。這樣一本暢談佛教禪法的書，竟能跳出宗教範疇而進入歐美的暢銷書市場，可說是佛教著作罕見的奇蹟！

《橘子禪》一書內容，仍是以一行禪師一貫的「正念禪」為主軸，然而在整個架構上，卻顯現了「正念禪」更廣泛的妙用。要而言之，一行禪師在此書中，至少傳達了十個重要的訊息。

一、以正念為入手方法的修行觀。這是一行禪師的招牌。他可以信手拈來，處處都是正念修行的契入處。

二、生活化的禪法。一行禪師以正念禪為中心，不談神通感應，不講儀式排場，只是平實地鼓勵人們把正念分明的工夫用在生活中的每一個環節，從吃飯、洗臉、刷牙、洗澡、澆花、吃水果、洗碗、擦地板、開車、散步、擁抱到工作，處處都可以看到正念分明所帶來的莫大喜悅。對於現代的上班族而言，一行禪師的提示：「享受，並且與工作合而為一」（Enjoy and be one with your job），實在是點石成金的妙方。有些人以為學佛就是放下工作，終日枯坐，這其實是不得要領。真正的佛法，原來只是在生活中的每一個當下保持正念分明而已。

三、入世佛教的風格。一行禪師本身精通大小乘佛教，特別是深受漢譯《華嚴經》、《法華經》、《金剛經》以及《六祖壇經》等大乘經典的影響，因此對於菩薩道的入世風格，有著堅定不移的表達。尤其是他把菩薩精神積極落實於和平與反戰運動，更令人不禁覺得，一行禪師就是普賢菩薩的化身！

四、回歸禪宗的教學。一行禪師的正念禪，雖以南傳佛教的「觀呼吸」（Anapanasati）為前方便，但是用功的重點，則是中國禪宗的「活在當下」、「直下承當」。特別是他時常強調「當下最美好」（present moment, wonderful moment），更是把禪的喜樂本質，表達得淋漓盡致！一行禪師之所以能夠把南北傳的佛法做如此巧妙的結合，自與他本身承襲了中國臨濟宗的法脈有著密切的淵源。

五、相即相入的世界觀。在一行禪師的正念禪中，有一個不可缺少的世界觀基礎，那就是從原始佛教的緣起觀延伸到華嚴經的「一即一切，一切即一」的法界觀。菩薩道的大悲與空慧，都要以此為自我提升的樞紐。

六、化慈悲為行動的十四戒。一行禪師對於佛教的傳統倫理學，除了立足於現代人的生活特性而對「五戒」提供了更親切的詮釋之外，同時也基於大乘佛教「發菩提心」的理念，為現代人提供了十四個極重要的生命倫理，他稱之為「十四戒」。十四戒的可貴處，不在於它提供了新的教條，而是它為我們提供了一面新的鏡子，有助於心靈的內省與開拓。在《橘子禪》書中第三篇以及《相即》一書中，對此都有極為深入的闡明。

七、結合當代心理治療的深刻見解。一行禪師本著佛教「十二因緣觀」的基本理念，將一切煩惱痛苦的根源，直溯「無明」；用白話來說，「無明」就是「不明白」；在我們的生命經驗中，多少苦難，其實都是因為事前事後「不明白」而引起的，因此解除煩惱之道無他，就是以「明」（明白）來破除「無明」而已。唯有修學正念分明，才能夠以一顆明明白白的心，明明白白地去解開一切煩惱痛苦的結。在《橘子禪》第一篇中，他深入地結合了當代心理治療學，提出「轉化」而非「轉移」的自我調癒理念，的確是對治當代人心病的無上法藥。目前在美國享有盛名的心理治療學家史蒂芬・雷恩博士（Stephen Levine）在《對治生死》（*Healing into Life & Death*）一書中，特別陳述他引用一行禪師的正念禪而治癒癌症病人的臨床實例。正念的奇蹟，於此又一確證。

八、心靈生態學。一行禪師認為，現代人不但要重視環境生態學，更要重視「心靈生態學」。人類要維護心靈健康，首先要維護心靈的生態環境。他在本書第三篇中，對此提出了嚴肅的呼籲。

九、大悲之門。一行禪師有一首傳誦歐美的英文詩：〈請以種種真實之名字呼喚我〉（Please call me by my true names）。熟讀此詩，更可以領悟到佛教的「大悲之門」究何所指。唯有打開我們心中的大悲之門，我們才會真正明白，對人生旅途中一切仇敵的「和解」，是何等重要的自我療癒的一環。

十、重視兒童教育。一行禪師一直致力於拯救世界各地飢餓兒童的工作，特別是重視兒童教育。他認為我們今天如果不善盡對兒童的教育之責，明日的世界就不會有和平。一行禪師把自己所有暢銷書的版稅，完全捐獻在此一工作上。而在他所主持的各種禪修活動中，他更熱誠邀請兒童參加。請看他在本書中一段感人的結語：「牽著你孩子的手，請他／她一塊兒跟你坐在草地上，……一塊兒呼吸，一塊兒微笑，那就是和平的學習。」把正念禪融入兒童教育中，是一行禪師又一感人的特色！

綜合上述可知，一行禪師的教學，對於現代人而言，的確是開啟了一扇喜樂之門。進入此一喜樂之門的要領無他，當下正念分明而已。此一法門，退可自淨其心，進可兼善天下，實在是全體佛法的根本大用之所在。

南無阿彌陀佛！

一九九五年二月二日於臺北

游祥洲

（本文作者曾任佛光大學宗教學系副教授）

英文版編者引言

時時可得的幸福感

◎阿諾．柯勒

今天早晨，當我緩慢而正念分明地穿過一座蒼翠的橡樹林時，耀眼的橘紅色太陽自地平線升起，它立刻在我心中喚起印度的影像。前年，我們有一群人隨著一行禪師到印度參訪當年佛陀說法的聖地，有一次在步行前往菩提伽耶附近的一個洞窟途中，我們在一塊稻田環繞的曠野中停下來，吟誦以下這首詩：

步步安樂行，
耀眼紅日是我心，
百花與我相視而笑，
生長中的萬物多麼翠綠、多麼清新！

清風吹來，多麼清涼！
步步安樂行，
漫長的小徑因而盡成喜悅。

這幾行詩扼要地表達出一行禪師教誨的精華：和平不在外界，也無可追尋，無從獲得，只要正念生活，放慢腳步，享受每一步、每一口呼吸，就已足夠。我們跨出的每一步就已經有和平的存在；如果我們用這種方式走路，每走一步，腳邊就會湧現一朵花。事實上，百花都會對我們微笑，祝福我們一路平安。

我在一九八二年遇到一行禪師，當時他到紐約參加一場尊重生命研討會，我是他最早碰到的美國佛教徒之一，我的外表、穿著，還有某些言行舉行，很像他二十年來在越南訓練的初學者，這讓他覺得很好奇。當我的老師理查·貝克（Richard Baker）次年邀請他到我們舊金山的禪修中心參訪時，他欣然接受，而這次拜訪為這位溫和安詳的比丘不平凡的一生開啟了新的一頁。對一行禪師，貝克老師的描述是「介於一朵雲、一隻蝸牛，和一部沉重的機器之間的混合體——一個真正的宗教修行者」。

一行禪師一九二六年出生於越南中部，一九四二年十六歲時出家受戒成為比丘，就在八年後，他成為安廣佛學院（the An Quang Buddhist Institute）的共同創辦人之一，這所佛學院後來成為南越最主要的佛學研究中心。

一九六一年，一行禪師來到美國哥倫比亞大學與普林斯頓大學進行研究，並且教授比較宗教學，但是一九六三年在吳廷琰（Diem）的高壓政權垮臺後，他在越南的同門師兄弟發電報來，請他回國加入反戰工作，他立刻束裝返國，協助領導二十世紀規模最大的非暴力抵制運動之一，這場運動完全以甘地的精神為基礎。

一九六四年，一行禪師和越南一群大學教授及學生，創立了青年社會服務隊——美國媒體稱之為「青年和平部隊」——年輕人組成的隊伍紛紛下鄉建立學校與醫療診所，隨後又重建被炮火重創的村落，直到西貢淪陷前，已有超過一萬名比丘、比丘尼及年輕社工投入這項工作。他也在同一年協助錦囊出版社（the La Boi Press）的成立，錦囊出版社後來成為越南聲望最高的出版社之一。不管在個人著述中或以聯合佛教會（the Unified Buddhist Church）正式刊物的主編身分，一行禪師都呼籲越南交戰中的政黨達成和解，因此他的著作遭受敵對政府雙方的檢查審核。

一九六六年，在同門師兄弟極力敦促之下，一行禪師應康乃爾大學與和平調解委員會之邀到美國，「向（我們）描述沉默的越南民眾遭受的創痛與心中的渴望。」（刊載於一九六六年六月二十五日的《紐約客週刊》）他的行程非常緊湊，馬不停蹄地演說以及出席私人會談，他對停戰與協商和解的呼籲極具說服力。美國黑人民權領袖馬丁・路德・金恩（Martin Luther King, Jr.）因為一行禪師及其和平訴求深受感動，所以提名他參選一九六七年諾貝爾和平獎，當時金恩博士說：「我不知道有誰比這位溫和安詳的越南比丘更值得獲頒諾貝爾和平獎。」由於深受一行禪師的影響，金恩博士在芝加哥一場記者會中挺身而出，跟一行禪師一同反戰。

著名的天主教靈修修士湯瑪斯．摩頓（Thomas Merton）在位於肯德基州路易斯維（Louisville）附近的修道院格山曼尼（Gethsemani）會晤一行禪師。摩頓對自己的學生說：「一行禪師開門進屋子的神態就透露出他的智慧。他是一個真正的出家修行人。」隨後他又寫了一篇文章〈一行是我兄弟〉，文中熱切懇請大家傾聽一行禪師的和平訴求，以及全力支持禪師的和平主張。一行禪師結束在華府與參議員弗布萊特（Fullbright）、甘迺迪（Kennedy）、國防部長馬克納梅若（McNamara）等人的會談之後，前往歐洲會晤若干國家的天主教領袖與神職人員，包括兩次覲見教宗若望保祿六世，力促天主教徒與佛教徒共同合作，協助越南重獲和平。

一九六九年，應越南聯合佛教會之請，一行禪師組成佛教和平代表團，參加巴黎和平會談。一九七三年和平協定簽署後，越南政府拒絕核發他回國的入境許可，於是他在巴黎西南方一百英里處建立了一個小社區，名為「番薯園」。一九七六到一九七七年間，一行禪師展開對暹羅灣海上難民的救援行動，然而泰國與新加坡政府的敵意讓這項行動無以為繼。所以在此後五年之間，他在番薯園社區中隱居，生活不外禪修、閱讀、寫作、裝訂書籍、蒔花刈草，偶爾接見訪客。

一九八二年六月，一行禪師參訪紐約，同一年稍後在波爾多附近建立一個規模較大的禪修中心「梅村」，四周盡是葡萄園、小麥田、玉米田、向日葵園。自一九八三年起，他每兩年前往北美洲指導禪修，並且發表正念生活與社會義務方面的演說，「就在我們有生之日的每一刻創造和平。」

雖然一行禪師無法回到祖國，但是他著作的手抄本一直在越南非法流傳。他的同胞也透過另一種方式感受到他的存在：他遍布於全世界的學生與同門師兄弟為極度貧困的越南人減輕痛苦而全天工作，他們暗中援助挨餓的家庭，並且為因理念、藝術而下獄的作家、藝術家、出家人發起一連串的運動；救援工作還包括協助遭到遣返威脅的難民，以及提供物資與精神上的援助給泰國、馬來西亞、香港等地的難民營。

現年六十四歲（編註：一九九〇年時），但看起來比實際年齡年輕二十歲的一行禪師正逐漸被世人認識為一個二十世紀的偉大導師。在我們強調速度、效率、物質成就的社會中，一行禪師能夠安詳、覺醒地自在行走，並且教導我們也跟著這麼做，這種能力讓他在西方世界受到熱切的好評。雖然他的表達方式簡單，但是他的教誨顯示出深刻了解真實的典範，這是來自他的禪修、他在佛教方面所受的訓練，以及他在世界各地的工作經驗

一行禪師的教導方式集中於注意呼吸，也就是察覺每一口呼吸，然後透過注意呼吸而對日常生活中的一舉一動產生正念。他告訴我們，禪修不是只在禪堂，念念分明地清洗碗盤與在佛前深深禮敬或燃香一樣神聖。他也告訴我們，臉上帶著微笑可以放鬆身體成千上百條肌肉，他稱之為「嘴部瑜伽」。事實上，最近的研究顯示，當我們牽動臉部肌肉形成喜悅的表情時，在神經系統產生的效果的確跟真正的喜悅產生的效果一樣。一行禪師還提醒我們，和平與快樂不難獲得，只要我們能夠平息自己紛亂的思緒，維持這種心緒直到回歸當下，注意到藍天、孩子的微笑、美麗的日出——「如果我們安詳、快樂，就能微笑，而家中每個人以及整個社會都會因為我們的安樂而受益。」

《橘子禪》這本書是一種提醒。在現代生活的繁忙中，我們往往遺落了時時可得的安樂。一行禪師的創意，在於他能夠在一般造成我們壓力與反抗的情境中就地取材，對他而言，電話鈴響是一種訊號，喚醒我們回歸真實自我；髒盤子、紅燈、塞車都是「正念」之道上的同修道友。發自心靈最深處的滿足，或最深刻的喜悅與圓滿的感受，近在眼前，就像我們下一口正念分明的呼吸，以及我們當下就可以展露的微笑。

《橘子禪》由一行禪師的演講、已出版或未出版的著作，還有非正式會談彙編而成。我們有一小群朋友共同完成這項工作：德瑞思·費茲傑羅（Therese Fitzgerald）、麥可·卡茲（Michael Katz）、珍·赫許菲爾德（Jane Hirshfield）、還有我本人，我們與一行導師（Thây Nhat Hanh，thây越南文，讀如「太」，意為「導師」）密切合作，還有班騰出班社（Bantam Books）體貼、周到、敏銳的編輯李斯麗·梅瑞迪斯（Leslie Meredith）。美麗的蒲公英插圖出自派翠西亞·柯登（Patricia Curtan）筆下，另外要特別感謝〈蒲公英之詩〉的作者馬瑞恩·特瑞普（Marion Tripp）。

這本書是一位偉大的菩薩到目前為止最清晰完整的教誨，他畢生奉獻於幫助他人覺悟。一行禪師的教導不僅發人深省，而且非常實用，我希望讀者展讀此書時，如同我們讓它問世一樣，享有同樣的喜悅。

阿諾．柯勒（Arnold Kotler）

一九九〇年七月序於法國

第一部

呼吸！你是生氣蓬勃的

全新的二十四小時

每天早晨，當我們醒來時，有全新的二十四小時可過。這是多麼珍貴的禮物！我們都有能力以某種生活方式度日，讓這二十四小時為我們自己以及其他人帶來安詳、喜悅、幸福。

安詳就在眼前，就在此刻，在我們自己身上，也在我們所做、所見的一切；問題在於我們是否觸及這份平靜。我們不必到他方遠遊以享受藍天，不必離開自己的城市，甚至無須離開自己所住的社區，就能欣賞美麗孩童的雙眸。就連我們呼吸的空氣都可以是喜悅的源頭。

我們微笑、呼吸、行走、用餐時，都可以用某種方式，讓我們可以接觸豐沛而隨處可得的幸福。我們非常善於為生活做準備，卻不善於生活；我們知道如何為一張文憑犧牲十年，願意拚命取得一份工作、一輛車子、一棟房屋，卻很難記得自己活在當下這一刻，只有這一刻我們才活著。我們呼吸的每一口氣，跨出的每一步，都可以充滿平靜、喜悅與寧靜；我們只須覺醒，活在當下此刻。

這本小書的問世是作為一口正念之鐘，提醒我們。

幸福只有在當下這一刻才可能存在。當然，規畫未來是生活的一部分，但即使是規畫也只能在當下此刻發生。這本書是一份邀約，請你回到當下此刻，發現平靜與喜悅。我提供一些個人經驗與方法，也許能有些助益，但請不要等到看完這本書才開始找尋平靜。每一刻都有平靜與幸福，跨出的每一步都是平靜。我們應該攜手同行，願你一路平安愉快！

蒲公英擁有我的微笑

如果一個孩子微笑，如果一個成人微笑，那是非常重要的。如果我們在每天的生活中都能微笑，都能平靜、快樂，不只是我們，還有每個人都會因此獲益。要是我們真的知道如何生活，還有什麼方式比用微笑開始一天的生活更好呢？微笑證實我們以平靜喜悅度日的覺悟與決心，而一抹真誠的微笑來自一顆覺知的心。

當你醒來時，要如何記得微笑呢？也許你可以在窗前或從床鋪上方的天花板垂掛個東西提醒自己——例如一根樹枝、一片葉子、一幅畫，或幾句勵志小語，以便睡醒時可以注意到。一旦你逐漸養成微笑的習慣，可能就不需要借助外物的提醒了，一聽到鳥兒歌唱或看到陽光透窗而入，你就會微笑。微笑幫助你溫和、體貼地面對這一天。

當我看到有人微笑，我立刻知道他或她處於覺知的狀態。這一抹嘴角輕揚的微笑，有多少藝術家曾經努力讓它在無數的雕像與畫像中浮現？我相信當這些雕刻家與畫家在創作時，臉上必定帶著同樣的微笑。你能想像一個憤怒的畫家可以畫出這樣的微笑嗎？蒙娜麗莎的微笑似有若無，只有一絲淺淺的笑意，但是即使那樣微微一笑也足以讓我們臉上的肌肉放鬆，掃除一切憂慮與疲憊。我們雙唇輕淺的笑靨奇蹟似地助長覺察力，而且讓我們平靜。微笑讓我們以為早已失去的平靜回到我們身邊。

微笑將帶給自己以及周遭的人幸福。就算我們花大錢買禮物送給家人，我們買的任何禮物為他們所帶來的快樂，絕對比不上我們覺知的禮物，也就是我們的微笑，何況這份珍貴的禮物根本不用花一毛錢。有一次在加州的禪修結束時，有個朋友寫下這首詩：

我弄丟了我的微笑，
但是別擔心；
它在蒲公英那兒。

如果你弄丟了自己的微笑，卻還能看出一朵蒲公英為你保有它，情況還不算太糟，你還有足夠的正念可以在蒲公英上看到自己的笑容。你只需要注意自己的呼吸一、兩次，就能找回自己的微笑。蒲公英是你朋友圈裡的一分子，它就在那兒，忠實地為你保持笑顏。

事實上，你身邊的一切都為你保持笑顏，你不必感到孤立無援，只要開放自己，接受環繞在身邊還有自己身上的所有支援。就像我那個看到自己的微笑被蒲公英保存的朋友，你也可以注意自己的呼吸，然後就會重拾微笑。

注意呼吸

有些呼吸的技巧你可以用來讓生活變得生動活潑，增添樂趣。第一種練習很簡單，當你吸氣時，告訴自己：

「吸氣，我知道我正在吸氣。」

當你呼氣時，告訴自己：

「呼氣，我知道我正在呼氣。」

如此而已。你認清自己的吸氣是吸氣，呼氣是呼氣，甚至不需要念整句，可以只念兩個字：「吸」和「呼」。這個方法可以幫你把心維持在自己的呼吸上。當你練習的時候，氣息會變得安詳、溫和，而且身心也會變得安詳、溫和。這個練習並不難，只要幾分鐘你就能體證禪修的成果。

呼吸非常重要，而且樂趣無窮。我們的呼吸是身心之間的聯繫。有時我們心裡想著一件事，身體卻在做另一件事，身心不一致。藉由專注呼吸——「吸」和「呼」——我們將身心合一，再次成為一體。注意呼吸是一道重要的橋梁。

對我來說，呼吸是我無法錯失的一種喜悅。每一天，我都練習注意呼吸，在我的小禪房裡，我用毛筆寫下：

「呼吸！你是活著的！」

光是呼吸和微笑就能讓我們快樂無比，因為當我們知道自己在呼吸的時候，就完全找回自己，並且在當下這一刻與生命相遇。

當下此刻最美妙

在繁忙的社會裡，偶爾能注意自己的呼吸是很幸運的。我們不僅可以在禪房打坐時練習注意呼吸，在辦公室或家裡工作，開車，坐在公車上，一天之中任何時刻，無論身在何處，我們也一樣可以如此練習。

有很多練習可以幫助我們注意呼吸。除了簡單的「吸．呼」練習之外，我們還可以在呼吸時默念以下四句：

吸氣，我讓身體平靜。
呼氣，我微笑。
安住在當下此刻，
我知道這是美妙的一刻。

「吸氣，我讓身體平靜。」念這一句就像在炎炎夏日喝一杯清涼的檸檬水，你可以感受到那股清涼遍布全身。當我吸氣默念這一句時，我真的感覺到自己的氣息正在安撫身心。

「呼氣，我微笑。」你知道微笑一次可以放鬆數百條臉部肌肉。面帶微笑顯示你是自己的主人。

「安住在當下此刻。」當我坐在此處，我不去想其他任何一件事；我坐在這兒，也確實知道自己身在何處。

「我知道這是美妙的一刻。」安穩而自在地坐著，回歸自己的呼吸、自己的微笑、自己真實的本性，這是一種喜悅。我們與生命相會在當下此刻。如果我們當下沒有平靜與喜悅，更待何時？明天？還是明天過後？是什麼讓我們在當下無法快樂？當我們注意自己的呼吸時，可以簡單地說：「平靜，微笑，當下此刻，美妙的一刻。」

這個練習不只適用於初學者，我們很多練習禪修與注意呼吸已經四、五十年的人也持續用這種方法練習，因為它是如此重要，卻又如此簡易。

別想太多

我們練習注意呼吸的同時，思考活動會減緩，我們可以讓自己真正休息。我們大多數時間都想得太多，而呼吸時正念分明，能幫助我們平靜、放鬆、安詳，幫助我們不要想那麼多，不要被過去的悲傷與未來的憂慮掌控；它讓我們能接觸生命——當下此刻美好的生命。

當然，思考是重要的，但我們的思考中有很多是沒有意義的。就好比在每個人的腦袋裡都有一捲錄音帶，日夜不斷地播放，我們想東想西，很難停下來。如果是錄音帶，我們只要按下停止鍵即可，但如果是我們的思緒，根本沒有任何按鍵可以讓它停止。

我們可能想太多或太憂慮到無法入眠的地步。如果我們去找醫師開安眠藥或鎮靜劑，那些藥劑可能讓情況更糟，因為在那樣的睡眠中，我們並未真正獲得休息，況且要是繼續用這些藥物，我們可能會上癮。我們繼續緊張度日，而且可能會惡夢連連。

按照注意呼吸的方法，當我們一呼一吸時，思考會停止，因為念「吸」、「呼」不是思考，這兩個字眼只是幫助我們專注於呼吸上而已。要是我們像這樣呼吸數分鐘的話，就會變得精神抖擻，回歸自我，並且可以和當前這一刻周遭美麗的事物相會。過去已遠離，未來猶未至；不回歸當下的自我，我們無法接觸生命。

當我們接觸到自己內在與周遭那些清新、安詳、能療傷止痛的要素時，就學會如何珍惜、保護這些東西，並且讓它們增長。這些平靜的要素在任何時刻都是我們唾手可得的。

時時刻刻增長覺知力

在一個寒冷的冬夜，我從山丘上散步回家，發現我的小茅屋所有的門窗都被風吹開了。稍早離開時，我沒有鎖好門窗，一陣寒風吹進屋裡，窗扇都被吹開，紙張也從書桌被吹落，四散在房間內。我立刻關上門窗，把燈點亮；撿起紙張，把它們排列整齊放回桌上。然後在壁爐生火，不久嗶剝作響的柴火將溫暖帶回屋內。

有時在人群中我們感到疲憊、寒冷、寂寞，我們可能希望抽身獨處，再度獲得溫暖，就像我關上窗戶，坐在火邊，不受濕冷寒風吹襲一樣。我們的感官是面向外在世界的窗，有時風會透過這些窗口吹入，擾亂我們內在的一切。有些人一天到晚讓這些窗戶洞開，允許世間的聲色入侵，滲透進來，暴露悲傷、困擾的自我，讓自己感到如此寒冷、寂寞和害怕。

你是否曾經發現自己看著糟糕的電視節目，卻無法把它關掉？各種嘈雜的噪音，還有槍砲的爆破聲，都令人心煩意亂，你卻不站起身來關掉電視。

為什麼你用這種方式折磨自己？

你難道不想關上自己的窗嗎？

你害怕獨處時可能面對的空虛與孤獨，或是寂寞嗎？

觀看粗劣的電視節目時，我們就變成那個節目。我們的感受與知覺造就了我們：如果我們憤怒，我們就是那股怒氣；在戀愛中，我們就是愛；如果我們看著白雪皚皚的山頭，我們就是那座山。

我們可以隨心所欲變成任何事物，所以為什麼要打開自己的窗戶，面對煽情以賺取暴利的製作人所製造出的濫節目，讓我們的心臟怦怦亂跳，雙拳緊握，然後整個人疲憊不堪呢？是誰允許這種節目的拍攝，而且讓年紀輕輕的孩子收看呢？

就是我們！

我們沒有嚴格要求，太過輕易將呈現在螢光幕上的內容照單全收，我們太寂寞、太懶惰，或是太無聊，以致無法開創自己的生活。我們打開電視，讓節目不斷地播放，允許別人來引導我們，塑造我們，並且毀滅我們。以這種方式喪失自我，就是把自己的命運交到其行為不負責任的他人手中。我們必須清清楚楚知道哪些節目危害我們的神經系統、心智、心靈，哪些節目對我們有益。

當然，我談的不只是電視。我們周遭的一切，有多少誘惑是現代人或自己所設下的？光是一天之中，我們就有多少次因為這些誘惑而迷失，而心思散亂？我們必須小心翼翼地保護自己的命運與平靜。我不是建議大家關閉所有的窗戶，因為我們所謂的「外在」世界有許多奇蹟，我們可以打開自己的窗口，朝向這些奇蹟，清清楚楚地欣賞其中任何一件奇蹟。

這麼一來，即使坐在奔流不斷的清溪旁，或傾聽美妙的音樂，或看一場感人的電影，我們都無須完全迷失於小溪、音樂或電影之中；我們可以繼續覺察自我與自己的呼吸。因為有覺知的太陽從我們的內在散發光芒，我們可以避開大部分的險境。小溪會更清澈，音樂會更悅耳，而製片人的心靈深處會完全顯現。

作為禪修初學者，我們可能想要離開都市到鄉下去，以便關閉擾亂心靈的那些窗戶。在鄉間，我們可以和寧靜的森林合而為一，重新發現自我，恢復自我，不受「外在世界」的混亂所吸引。清新沉靜的林間幫助我們保持覺知，而當我們的覺知穩固了，可以持續不退失的時候，我們也許希望回到都市居住，內心卻比較不會困擾不安。

可是有時候我們無法離開城市，就在繁忙的生活中，我們必須找到清新、平靜的要素，讓我們能夠恢復健康。我們可能想要拜訪可以安慰自己的知己，或到公園裡散散步，享受樹木與清涼的微風。

無論在城市、鄉間或荒野中，我們都需要謹慎地選擇環境，時時刻刻增長自己的覺知力，藉此給自己繼續生存的力量與希望。

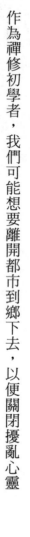

隨處禪坐

當你需要放慢腳步回歸自我時，你不需要趕回家坐在蒲團上，或趕往禪修中心去練習注意呼吸；你在任何地方都可以觀照呼吸，坐在辦公室的椅子或自己車子的座位上就可以了。即使你在人潮洶湧的購物中心，或在銀行排隊等候，如果你開始感到精疲力竭，需要回歸自我，你可以直接站在那兒練習注意呼吸，並且微笑。

無論身在何處，你都可以正念分明地呼吸。

我們偶爾都需要回歸自我，以便能夠面對生命中的困境。我們可以用任何姿勢注意呼吸——不管是站著，坐著，平躺或步行；不過，如果你能坐下的話，坐姿是最穩固的。

有一次，我在紐約甘迺迪機場等候一班誤點四個小時的班機，就在候機室，我享受盤腿打坐之樂。我只是把毛衣捲疊起來當蒲團用，然後就坐著。人們好奇地看著我，但過了一會兒他們就對我視而不見，而我安然端坐。當時無處可以休息，機場又到處是人，所以我只是讓自己怡然自處。你可能不想要引人側目地禪修，但是任何時間用任何姿勢念念分明的呼吸，可以幫助你恢復自我。

禪坐

最安穩的禪修姿勢是盤腿坐在蒲團上。選一個厚度適中可以支撐你的蒲團，單盤或雙盤都是非常好的姿勢，可以讓身心穩固。想要盤坐的話，和緩地讓雙腿交叉，方法是把一隻腳（單盤）或雙腳（雙盤）放在另一條腿的大腿上。如果你做這種盤坐的姿勢有困難，只要雙腿交叉或用任何坐姿就可以。背脊要直，眼睛半闔，兩手相疊，舒適地放在大腿上。如果你喜歡的話，也可以坐在椅子上，雙腳平貼地面，兩手擱在大腿上，或是在地板上仰臥，兩腿伸直微張，間距數英吋，雙臂置於身體兩側，最好掌心朝上。

在禪坐時，要是你雙腿或雙腳發麻或疼痛，影響你的專注力，請自由地調整自己的姿勢。如果你緩慢而全神貫注地調整姿勢，同時注意呼吸以及身體的每個動作，你將片刻不離專注。要是痛得厲害，就站起來，緩慢而念念分明地走路，當自己準備好時，再繼續禪坐。

有些禪修中心不允許禪修者在禪坐期間移動身體，禪修者往往得忍受極度的不舒服。對我來說，這好像並不自然。當身體的某部分發麻或疼痛，那正是在對我們透露一些訊息，我們應該好好傾聽。禪坐目的是要培養平靜、喜悅以及非暴力，不是要忍受生理的緊張疼痛或是殘害自己的身體。改變雙腳的姿勢或以步行禪修一會兒並不會過於干擾他人，卻對我們大有助益。

有時我們可能會把禪修當作一種逃避自己也逃避生活的方式，就像狡兔躲回自己的洞窟一樣。當我們這麼做時，也許能暫時避開一些問題，一旦我們離開自己的「洞穴」，又得面對同樣的問題。譬如說，我們急切地投入禪修，讓自己筋疲力盡，轉移自己的精力，不去面對問題時，我們會有某種如釋重負的感覺；可是當體力回復時，我們的問題也會跟著回來。

我們需要在日常生活中時時和緩而踏實地禪修，不浪費任何可以深入看透生命本質的機會或事件，包括我們每天的問題。用這種方式練習，我們就安住在與生命的深入溝通之中。

正念的鐘聲

在我的傳承中，我們用寺院的鐘聲提醒自己回到當前這一刻。每次聽到鐘聲，我們就停止談話，停止思考，而且一面呼吸、微笑，一面回到自我。無論我們正在做什麼，都會暫停一會兒，單純享受自己的呼吸。有時我們也念誦下面這首短偈：

聽！聽！這美妙之聲引我回歸真實自我。

我們在吸氣時念：「聽！聽！」呼氣時則念：「這美妙之聲引我回歸真實自我。」

自從我來到西方世界，就沒有這麼多機會聽到佛寺的鐘聲了，幸好歐洲到處都有教堂的鐘聲。美國似乎沒有這麼多，我覺得很可惜。每當我在瑞士講習，總會利用教堂的鐘聲做正念的練習。當鐘聲響起時，我停止談話，所有人都傾聽那宏亮而深遠的鐘聲。我們非常喜歡這部分。（我覺得這比演講本身更棒！）聽到鐘聲，我們可以暫停下來，享受自己的呼吸，觸及身邊的生命奇蹟——花朵、孩童、美妙的聲音。每當我們回頭與自己接觸，情況就變得有利於我們與當下此刻的生命相遇。

有一天，我在加州大學柏克萊分校對師生們建議，請他們在每次校園鐘聲響起時暫時停下來，注意呼吸。每個人都應該利用那一段時間享受生存的喜悅！我們不應該一天到晚只是四處奔忙，必須學習好好享受教堂的鐘聲，享受校園的鐘聲。鐘聲很美，而且能喚醒我們。

如果你家裡有鐘，可以隨著那優美的鐘聲練習呼吸與微笑。但是你不必把鐘帶進辦公室或工廠，你可以運用任何聲音提醒自己暫停下來，呼吸，同時享受當下這一刻——在車上忘記繫上安全帶而響起的警報聲，也是一種正念的鐘聲。甚至像透窗而入的陽光這種不是聲音的事物，也都是正念的鐘聲，可以提醒我們回歸自我，呼吸，微笑，充分地活在當下。

兒時的餅乾

我四歲時，每次母親從菜市場回家都習慣為我帶一塊餅乾，我總是到前院去悠哉地吃，有時吃這一塊餅要花半小時到四十五分鐘的時間。我會咬一小口，然後抬頭仰望天空，接著用腳碰碰小狗，再咬一口餅乾。我只是享受身在當處，有天空、土地、竹林、貓、狗、花朵為伴。我可以如此享受，因為當時沒有什麼可憂慮的；我不思考未來，也不懊悔過往，完全活在當前的一刻，和我的餅乾、小狗、竹林、小貓，還有萬物同在。

我們有可能緩慢而愉快地用餐，就像我兒時吃餅乾的時候一樣。或許在你的印象中，你已經失去了兒時的餅乾，但是我確定它還在那兒，在你心裡的某個角落。一切都還在那兒，如果你真正想要的話，就能找到。正念分明地吃東西是一種非常重要的禪修。我們可以用某種方式來吃飯，以找回兒時的餅乾。當前的一刻充滿喜悅與快樂；如果你專注，就會發現。

橘子禪

如果我給你一顆剛採下來的橘子，我想，你享受這顆橘子的程度要靠你有多強的正念來決定：如果你了無憂慮與牽掛，你將更能享用它；如果你被憤怒或害怕掌控，這顆橘子對你來說可能不是非常真實。

有一天，我給幾個小孩滿滿一籃橘子，籃子在小孩中間輪流傳遞，每個孩子拿一顆橘子放在掌心，我們每個人都看著自己的橘子，然後我請這些孩子靜思手中的橘子來自何處。

他們不只看到橘子，也看到橘子的母親——橘子樹。

經過若干引導，他們開始想像在陽光下還有雨中的橘子花，接著他們看到花瓣掉落，出現了一顆小小的綠色果實；陽光和雨水持續不斷，這顆小橘子逐漸長大，這時有人摘下它，於是這顆橘子出現在這裡。

看到這裡之後，每個孩子都被邀請慢慢地剝開橘子，同時注意橘皮冒出的水氣與香味，然後將橘子送入口中，清清楚楚地咬一口，明明白白地覺知這果子的構造與味道，以及湧出的汁液。我們就像這樣慢慢地吃橘子。

每次你看著一顆橘子的時候，都可以深入透視它；你可以在一顆橘子裡看到宇宙萬物。剝開橘子，聞它的氣味，這是很美妙的。你可以不疾不徐地吃一顆橘子，而感到非常的快樂。

聖餐

領聖餐的儀式是一種覺知的練習。當耶穌撕開麵包與門徒共享時，他說：「吃下它！這是我的肉。」他知道，要是他的門徒肯正念分明地吃一片麵包，他們就會擁有真實的生命。在日常生活中，他們可能漫不經心地吃麵包，所以那麵包根本不是麵包，而是一個幻象。在日常生活中，我們可能看見周遭的人，但如果我們缺乏正念，這些人不過是魅影，不是活生生的人，而我們自己也是幽靈。練習正念能夠讓我們變得真實；作為名符其實的人，我們才能看到周遭真實的眾人，而生命的豐富才能完全呈現在眼前。練習吃麵包，吃一顆橘子，或吃一塊餅乾都是一樣的。

我們呼吸時，正念分明時，深入觀察我們的食物時，就在那一刻，生命變得真實。對我來說，聖餐禮是練習正念的一種絕妙方式；耶穌以這種激進的手法，設法喚醒他的門徒。

正念分明地用餐

幾年前，我曾經問過一些小孩子：「吃早餐的目的是什麼？」有個男孩回答：「為了要獲得一天的活力。」另一個孩子說：「吃早餐的目的就是為了要吃早餐。」我認為第二個孩子比較正確：吃的目的就是為了吃。

正念分明地吃頓飯是一項重要的練習。我們關掉電視，放下報紙，花五到十分鐘一起擺好餐桌，完成其餘該做的餐前準備。在這短短幾分鐘內，我們可以非常快樂。食物端上桌，每個人都就座了，此時我們練習呼吸三次：「吸氣，我讓身體平靜；呼氣，我微笑。」像這樣呼吸三次後，我們就可以完全恢復自我。

然後我們一邊呼吸，一邊看著每個人，以便與自己接觸，也跟餐桌上的每一個人接觸。如果我們內在的確是安穩的，只要注視一、兩秒就足以看見。我想，如果一家有五口，只需要五到十秒鐘就可以做這種「視而後見」

的練習。

練習呼吸之後，我們微笑。與其他人同桌吃飯，我們有機會給別人一個展現友好與理解的真誠微笑。這很簡單，可是並沒有很多人這麼做。對我來說，這是最重要的練習——我們看著每個人，對著他或她微笑。呼吸配合著微笑，這是非常重要的練習。如果同住一個屋簷下的家人無法相視而笑，情況就很危險了。

在呼吸與微笑之後，我們低頭看著食物，這種觀看的方式能讓食物變得真實。這份食物透露出我們與大地的關係：我們咬的每一口都包含了陽光與大地的生命。食物的本來面目能顯露多少，靠我們來決定；我們甚至可以在一片麵包裡看見並且品嚐整個宇宙！進餐前花幾秒鐘觀想自己的食物，然後正念分明地用餐，這能為我們帶來無窮的樂趣。

有機會與家人、朋友同桌享用美好的食物是相當珍貴的，不是每個人都有這種機會的。

世界上很多人都在挨餓，當我端著一碗飯或拿著一片麵包時，我知道自己很幸運，也悲憫所有沒東西吃又無親無故的人。這是極為深刻的練習；要做這種練習，我們不需要到寺院或教堂去，在餐桌上就可以練習了。正念分明地用餐可以培養慈悲與理解的種子，而慈悲與理解能給我們力量，讓我們能出力幫助飢餓與孤寂的人們獲得溫飽。

為了在用餐時助長正念，你也許偶爾想要靜默地吃飯。第一次在進餐時保持靜默，可能會讓你覺得有點不自在，但只要習慣了，你將體會到安靜用餐能讓我們極為平靜幸福。正如我們在吃飯前關掉電視一樣，我們也可以「關上」話匣子，以便享用食物，享受彼此同席用餐。

我不建議每天三餐都保持靜默，彼此交談可以是正念共處的一種好方法。然而我們必須區分不同種類的交談。有些話題可能造成分裂，例如談論別人的缺失。如果我們允許這種談話主導一頓飯，那精心準備的食物就失去了價值；相反地，當談話的內容增進我們對食物的覺知、對彼此相聚的覺知，此時我們就培養出一種快樂，那是使我們成長不可或缺的快樂。如果把這種經驗和說人長短的經驗相比，我們會了解覺察嘴裡這片麵包要有營養得多了——它注入生命，同時使得生命變得真實。

所以我們在用餐時，應該避免討論那些會破壞對自己家人與那頓飯菜覺知的話題，但卻應該自由地談論可以助長覺知與快樂的事情。譬如說，如果有一道菜你很喜愛，你可以留意其他人是否也正在享用這道菜；要是有人沒有嚐到它的美味，你可以幫助他或她品味那道用慈愛所準備的佳餚。

如果有人對於餐桌上的美食心不在焉，想著工作上的困境或人際問題這類的事情，這時他就喪失了當下這一刻，也錯失眼前的食物。你可以對他說：「這道菜很棒，你不覺得嗎？」藉此將他拉出思緒與憂慮，讓他回到當下此刻，享受與你同在，享用那道美食。幫助一個眾生覺悟，你就成了一個菩薩。小孩子特別有能力實踐正念，同時提醒其他人也提起正念。

清洗碗盤

在我心目中，只有在你心不在焉的時候，才會生起洗碗盤是苦差事的念頭。一旦你站在水槽前，捲起衣袖，雙手放在溫熱的水中，那真的是相當愉快的。我喜歡不慌不忙地清洗每一個碗盤，百分之百感受到那個盤子、水，還有我雙手的每個動作。

我知道如果我匆匆忙忙以便能趕快吃到甜點，那麼洗碗盤這段時間就會令人厭煩，而且浪費生命。那就很可惜了，因為生命中的每一分、每一秒都是奇蹟，碗盤本身是奇蹟，我在當下清洗這些碗盤也是奇蹟！

如果我不能愉快地洗碗盤，如果我想趕快做完以便能夠去吃甜點，我一樣無法享用我的甜點。我會手握叉子，同時思考接下來要做些什麼，那道甜點的質地與味道，連同享用它的愉悅，都會蕩然無存。我永遠會被捲入未來，沒有辦法活在當下。

在覺悟的陽光下，每個念頭，每個動作，都是神聖的；在這覺知中，神聖與世俗之間沒有界線。我必須承認我多花了點時間才把碗盤洗好，但是我每一刻都活得圓滿，而且我很快樂。

清洗碗盤是一種手段，同時也是目的，也就是說，我們洗碗盤不只是為了要有乾淨的碗盤可用，也單純為了洗碗盤而洗碗盤，為了在清洗的過程中充分地度過每一刻。

步行禪

步行禪可以是樂趣無窮的。我們慢慢地走，獨自一人或與朋友同行，如果可能的話，漫步在環境優美的某處。步行禪實際上是要享受步行——不是為了到達，單純只是行走。其目的是活在當下，覺察自己的呼吸、行走，享受跨出的每一步。因此，我們必須抖落一切憂慮與牽掛，不想未來，不念過去，只是享受當前這一刻。如此漫步時，我們可以牽著一個孩子的手。我們走著，我們邁步前行，好像自己是世上最快樂的人。

雖然我們一天到晚都在走路，但步行的方式往往更像在跑步。以這種方式走路時，我們在大地留下焦慮與悲傷的印跡。我們必須以另一種方式行走，只在大地印下平靜與寧靜的足跡。只要一心嚮往，每個人都做得到，每個孩子都做得到。

要是我們能像這樣跨出一步，就能繼續跨兩步、三步、四步、五步。能夠平靜快活地跨一步，我們正是在為了全人類的平靜與幸福而努力著。步行禪是絕妙的練習。

在戶外做步行禪的時候，我們行進的速度要比平常稍微緩慢，並且調和呼吸與步伐。例如，或許可以每次吸氣跨三步，每次呼氣跨三步。我們可以說：「吸，吸，吸。呼，呼，呼。」「吸」是為了讓我們辨認吸氣。每次以特定的名稱來稱呼某種事物時，我們會讓這個事物更真實，就像說出一個朋友的名字一樣。

如果你的肺活量需要四步，而不是三步，請容許每一口氣跨四步；如果肺活量只夠跨兩步，每一口氣就跨兩步。吸氣與呼氣的長度不必相同，譬如說你可以一次吸氣跨三步，每次呼氣跨四步。當你步行的時候，如果覺得愉快、平靜、喜悅，就是在正確的練習當中。

注意你的雙腳與大地的接觸，走路的時候就好像你用雙足在親吻大地一樣。我們已經讓大地傷痕累累，現在該是我們好好照顧她的時候了。我們讓自己的平靜與安詳出現在大地的表面上，共享愛的一課。我們就用這種精神步行。

偶爾看見美的事物時，我們可能想停下腳步觀賞——一棵樹、一朵花、一群玩耍中的孩子。當我們觀看時，繼續注意呼吸，以免錯失美麗的花朵，陷入自己的思緒。想再開始往前走時，就繼續走。我們邁開的每一步都會引起一陣清涼的微風，讓我們神清氣爽，每一步都讓一朵花在我們的腳下綻放。我們可以做到這一點——只要我們不思未來，不想過去，只要我們知道，唯有在當下這一刻才能找到生命。

電話禪

電話很方便，但我們可能受它壓制。我們可能覺得電話鈴聲擾亂安寧，或生活被太多通電話打斷。在電話中交談時，我們可能忘了自己正在講電話，浪費了寶貴的時間（還有金錢），往往聊一些無關緊要的事。

有多少次我們接到電話費帳單，看到上面的金額而臉色驟變？電話鈴聲在我們心中引起一種悸動，也許還有某種焦慮：「誰打來的？是好事還是壞事？」而我們心中有股無法抗拒的力量把我們拉到電話邊；我們是自己的電話的受害者。

下次你聽到電話鈴響的時候，我建議你就留在原位不動，注意呼吸，對自己微笑，並且念誦這首詩偈：「聽！聽！這美妙之聲引我回歸真實自我。」鈴響第二聲的時候，你可以再念一次這首偈，而你的微笑會更堅定。當你微笑時，臉部肌肉會放鬆，而且你的緊張感很快就會消失。

你可以像這樣練習注意呼吸與微笑，因為如果打電話給你的人有要事相告，他至少會等三聲鈴響。電話鈴聲第三次響起時，你可以繼續練習呼吸與微笑，同時慢慢地走向電話，完全保有自我掌控權——你是自己的主人。

你知道你不只是為了自己而微笑，也為了電話另一端的那個人。如果你急躁或憤怒，對方會接收到你的負面情緒。但是因為你已經注意呼吸，並且保持微笑，正處於正念的狀態，當你拿起話筒時，打電話給你的人有多麼幸運啊！

打電話之前，你也可以先練習呼吸三次，然後再撥號。聽到接通的訊號時，你知道朋友正在練習注意呼吸與微笑，而且會等到鈴響三聲後才接電話，因此你告訴自己：「他正在注意呼吸，我為什麼不這麼做呢？」你練習吸氣，呼氣，對方也同樣這麼練習——那是多麼美妙啊！

你不必走進禪堂以進行這種絕妙的禪修，你可以在辦公室或家裡這麼做。我不知道這麼多電話同時響起時接線生該怎麼練習，我得靠你們來為電話接線生找到一個方法練習電話禪。但是我們不是接線生，在接電話前有注意呼吸三次的權利。電話禪的練習可以化解壓力和憂鬱，並且將正念帶入我們的日常生活。

駕駛禪

四十年前在越南，我是第一個騎腳踏車的出家人，當時人們認為那不太像是「出家人」該做的事；但是今天出家人騎機車或開車的情形很普遍。我們必須讓自己的禪修跟上時代的脈動，因應真實世間的情境，所以我寫了一首簡單的偈頌，你們可以在發動車輛前念誦，希望對你們有幫助：

發動車輛前，
我知道自己要到哪裡去。
車子和我是一體，
如果車子跑得快，我就開得快。

有時我們其實不需要用車，但因為想要逃離自我，所以我們開車兜風。

我們自覺內在空虛，又不想面對它；我們不願如此忙碌，但一有空，又害怕與自己獨處。我們想逃避——要不是打開電視，拿起話筒，看小說，跟朋友外出，就是開車到某個地方去。這種行為模式是文明教育的結果，這樣的文明也提供很多事物，讓我們喪失與自己接觸的機會。

如果在即將啟動車子前念誦這首短詩，它就會像一把火炬，讓我們看清自己並不需要到任何地方去。無論我們到哪裡去，我們的「自我」總是如影隨形，我們是逃避不了的。所以，比較好也比較愉快的做法是不要發動引擎，而是到戶外做步行禪。

據說最近這幾年有兩百萬平方英里的森林受酸雨侵害，而酸雨形成的部分原因是車輛。「發動車輛前，我知道自己要到哪裡去。」這是一個很深刻的問題。我們要到哪裡去？走向自我毀滅嗎？如果樹木死亡了，人類也將無法倖免。如果你要走的這趟路是必要的，請不要遲疑，儘管上路；但是如果你知道那其實不是很重要，你可以抽出車鑰匙，沿著河邊或在公園裡散散步。

你將會回歸自我，同時再度與樹木為友。

「車子和我是一體。」我們有種印象，以為自己是主宰，車子只是一種工具。事實並非如此，當我們使用任何工具或機器時，我們就改變了——小提琴家拿起自己的樂器就變得非常優美，持槍的人則變得極為危險，開車時，我們既是自己，也是那部車。

在這個社會裡，開車是每天都得做的事。我不是建議你們不要開車，只是希望你們清清楚楚知道自己在開車。通常我們開車時，只想要「抵達」，因此，每次我們看到紅燈就非常不快樂，因為它是阻止我們抵達目的地的敵人。可是我們也可以將紅燈視為一種正念的鐘聲，提醒自己回到當下這一刻。下次你遇到紅燈時，請對它微笑，並且回到自己的呼吸。「吸氣，我讓身體平靜。呼氣，我微笑。」將急躁的感覺轉化為愉快的感覺並不難。雖然同樣是紅燈，這個燈號卻不一樣了，它變成了一個朋友，提醒我們只有在當前這一刻才能過自己的生活。

幾年前，我有一次在蒙特婁指導禪修時，有個朋友開車載我穿過那座城市到山區。每次有車子停在我面前，我注意到車牌上都有“Je me souviens”這個句子，意思是：「我記得。」我不確定他們想記得什麼，或許是記得他們的祖先來自法國，但是我告訴那個朋友，我有個禮物要送他：「每次你看到一部車子上頭有“Je me souviens”這個句子，你就記得要呼吸，微笑。那是一種正念的鐘聲。開車穿過蒙特婁時，你會有很多機會練習呼吸與微笑。」

我的朋友很高興，也跟他的朋友分享這種練習。後來當他到法國探望我的時候，他告訴我，比起蒙特婁，在巴黎較難修習，因為巴黎的車牌沒有“Je me souviens”。我告訴他：「巴黎到處都有紅燈與停止標誌，你何不拿這些號誌來練習呢？」當他途經巴黎回到蒙特婁之後，寫給我一封很有意思的信：「導師！在巴黎很容易修習，每次有車停在我面前，我就看見佛陀在對我眨動雙眼，我得用呼吸與微笑來回應他——再沒有比這更好的回應方式了。我在巴黎開車感覺非常愉快。」

下次你碰上塞車動彈不得時，不要抗拒——抗拒是徒勞無功的；要放鬆坐著，對自己微笑——慈悲的微笑；呼吸，微笑，享受當下那一刻，同時使車裡其他人也快樂。如果你知道如何呼吸與微笑的話，快樂就與你同在，因為快樂總是出現在現在這一刻。禪修的練習就是回到當下，與花、藍天、孩童相遇。快樂是輕易可得的。

打破區隔

我們生活中有很多區隔。我們要如何在離開禪堂後，將禪修帶進廚房，帶進辦公室呢？在禪堂裡，我們靜靜地坐著，努力察覺每一口呼吸。要如何將禪坐的影響帶入禪坐以外的時間呢？醫生幫你打針，不僅是手臂，連全身都會因此獲益；你每天練習半小時禪坐，那段時間應該有助於全天二十四小時，而不僅止於那半小時而已。一個微笑，一次呼吸，都應該讓你全天受用，而不單是那一刻而已。

我們練習的方式，應該要去除練習與非練習的區隔。

在禪堂中走路時，我們步步謹慎而緩慢；但當我們到機場或超級市場時，卻幾乎變成另外一個人——走路飛快，心離正念。在機場與超市要如何修習正念呢？我有個朋友利用兩個電話之間的空檔練習呼吸，那對她大有幫助；另一個朋友在前後兩場商務會談之間的餘暇練習步行禪，在丹佛市中心的建築物之間正念分明地來回走動，過往的行人對他微笑，而他的會談，即使對方是難纏的人物，結果往往變得相當愉快，而且極為成功。

我們應該能將練習從禪堂帶入日常生活中，我們彼此之間應該互相討論要如何做。你們是否在沒有電話的空檔練習呼吸呢？你們切紅蘿蔔時有沒有練習微笑呢？辛苦工作幾小時之後，你們有沒有練習放鬆？這些都是實際的問題。

如果你知道如何將禪修應用到用餐時間、閒暇，還有睡覺時，禪修就會遍布你的日常生活，對社交事務也會有極大的影響。

正念能滲入每天生活中的各種活動，充滿日常生活的每一分鐘，每個小時，而不是對遙遠事物的描述。

呼吸與割草

你是否曾經用大鐮刀割草？現在這麼做的人並不多。大約十年前，我帶了一柄大鐮刀回家，試圖用來割除我鄉間小屋四周的草，我花了一個多星期的時間才找到使用這把鐮刀的竅門。無論是站立姿勢、握刀的方法、揮刀時刀刃碰到葉片的角度，都很重要。我發現，如果手臂的揮動能和呼吸的節奏協調，不慌不忙，同時對自己的動作保持覺知，那麼我就能工作得更久，否則只要十分鐘我就覺得累了。

過去幾年來，我一直避免讓自己疲憊，或錯失自己的呼吸。我必須照顧好自己的身體，像音樂家關注自己的樂器那樣照顧自己的身體。我將非暴力的原則運用在自己的色身上，因為它不僅是成就某種目標的工具，它本身就是一個目的。

我用同樣的方式對待我的鐮刀。當我在使用鐮刀的同時注意呼吸，我感覺到鐮刀和自己一同規律地呼吸。同樣的情形也發生在許多其他的工具上。

有一天，一位年長者來找我的鄰居，他自告奮勇要對我示範使用鐮刀的方法。他用起鐮刀來比我老練得多，但他大部分用同樣的部位與動作。令我訝異的是，他也讓自己的動作與呼吸一致。從那時起，每當我看到有人用鐮刀割草，我就知道他正在練習覺知的功夫。

無目標

在西方，我們常常是以目標為導向的；我們知道自己想到哪兒去，也總是非常專注的前往目的地。這也許是有益的，但我們卻經常忘記好好欣賞沿途的風光。

佛教中有一個詞，意思是「無願」或是「無目標」，它的用意是，不在前方設置某種事物而去追求，因為眼前一切都已具足，就在你自身之中。

練習步行禪時，我們並不是要努力到達任何地方，只是平靜、快樂地邁步向前。如果我們一直想著未來，想著我們渴望體證的東西，就會錯失自己的步伐。

禪坐也一樣，我們只是為了享受禪坐而禪坐，不是要達成任何目標，這相當重要。禪坐中的每一刻都讓我們回歸生命，在整個禪坐的時間中，我們應該用享受禪坐的方式坐著。

無論我們正在吃一顆橘子，喝一杯茶，或行禪，我們都應該用「無目標」的方式進行。

我們常對自己說：「不要光坐在那兒，做點事吧！」但練習覺醒時，我們發現有一點是不尋常的——相反的做法可能更有幫助：「不要光做事，坐下來吧！」偶爾我們必須停下來，才能看清楚。

起初，「停下來」可能看似一種對現代生活的抵制，但其實不是；那不光是一種反動，而是一種生活方式。人類能存活，憑藉的是讓倉促行動停下來的能力。我們擁有五萬多枚核子彈，卻無法停下來不製造更多的核彈。「停下來」不只是停止負面的東西，也是讓正面的療癒能產生。

那是我們練習的目的——不是逃避生活，而是體驗與證明生活中的快樂是可能存在的，無論現在或未來。

快樂的基石是正念；快樂的基本條件是我們察覺自己是快樂的。如果我們對自己的快樂沒有自覺，那就不是真正的快樂。

牙痛時，我們知道沒有牙痛有多幸福；但當我們不受牙痛之苦時，我們還是不快樂。沒有牙痛是非常愉快的，其他還有許多有趣的事，可是不練習正念，我們就無法體會這些樂趣。

當我們練習正念，終會珍惜並且學習保護這些事物。好好守護當下此刻，我們就守護了未來；為了將來的平靜而努力，即是為了當下此刻而努力。

我們的生命是藝術品

在南加州的一次禪修之後，有一位藝術家問我：「要怎麼看一朵花，我才能在藝術創作中將它表現得淋漓盡致呢？」

我說：「用這種方式看花，你沒有辦法觸及這朵花。放棄你所有的計畫，你才能與花同在，不帶任何利用它或從中獲益的企圖。」

這個藝術家又告訴我：「我跟朋友在一起時，會想從他或她身上獲益。」我們當然可能從朋友那兒獲益，但是朋友之間不只是供輸利益。單純跟朋友在一起，無意求取他或她的支持、援助或忠告，這是一種藝術。

人們已經將「有所求地看待事物」變成一種習慣，我們稱之為「實用主義」，同時我們也說真理總是會有所回報的。如果我們禪修是為了要達到真理，我們似乎會有好報。

在禪修中，我們停下來深入觀察。但我們停下來只是為了存在於當下，與自己同在，與世界同在。我們能停下來，就開始看得見；如果我們看得見，就能理解：平靜與幸福是這個過程的結果。我們應該精通停下來的藝術，以便能真正與我們的朋友和一朵花在一起。

我們如何能將平靜的要素帶入徵名逐利的社會中呢？要如何讓我們的微笑變成喜悅的泉源，而不僅僅是交際的策略？當我們對自己微笑時，那不是應酬，而是回歸自我的證明，是完全掌控自己的證明。我們能不能寫一首詩，談談停止、無目標，或單純地存在？我們能不能以這些主題作畫？如果一舉一動都有正念的話，我們的所作所為都在寫詩，或是作畫——種植萵苣是一首詩，散步到超市是一幅畫。

當我們不去煩惱某個事物到底是不是藝術品時，如果我們只是在每一刻從容、清醒地行動，生命中的時時刻刻都是藝術品。就算我們不寫作，不繪畫，我們依然在創作。我們充滿美好、喜悅、平靜，而且為了許多人而讓生命更美麗。

有時談藝術最好別用「藝術」這個字眼，只要行為正直，保持覺知，我們的藝術自然會綻放，根本無需談論。當我們知道如何讓自己平靜，就會發現藝術是分享平靜的一大妙法。藝術表現將以某種方式產生，但存在本身是不可或缺的。所以我們必須回歸自我，當內在有喜悅與平靜，藝術創作自然水到渠成，而這樣的創作將對世界有正面的貢獻。

「希望」是一種障礙

「希望」很重要，因為它讓現在不那麼難以承受；如果我們相信明天會更好，就能忍受今日的艱辛。但是「希望」能為我們做的僅止於此，也就是減輕某些困境。

當我深思「希望」的本質時，看到悲劇的一面：因為我們執著於未來的希望，所以沒有將自己的精力與才能集中於現在這一刻。我們利用「希望」以相信未來會有更好的發展——相信自己會達到平靜的狀態，或到達上帝的國度；「希望」反而變成一種障礙。

如果你忍住不去期望，就可以將自己完全帶回當下此刻，發現近在眼前的喜悅。

覺悟、平靜與喜悅，不是來自別人的賜予，我們的內在就有活水源頭，如果我們深入挖掘當下的一刻，甘泉自會湧出。唯有回到當下，我們才能真正活著。練習注意呼吸時，我們正是在練習回到當下——萬事萬物正在發生的當下。

西方文明非常重視「希望」這個觀念，以至於犧牲了現在此刻。「希望」在未來，無法幫助我們發覺現在的喜悅、平靜或覺悟。很多宗教都以「希望」這個觀念為基礎，而我提出的這種抑制希望的教誨，可能引發強烈的反彈，但是這樣的震撼可以導致某些重要的東西。

我的意思不是要你們不抱希望，而是光有希望是不夠的。「希望」可能為你製造障礙，而且如果你把精力放在希望，就無法將自己完全帶回當下此刻。如果你將精力重新導向於對眼前事物的覺察，那麼你將能突破，發現當下的喜悅與平靜就在你的內在以及周遭的一切之中。

二十世紀中葉啟發數百萬人的美國和平運動領袖馬斯蒂（A.J. Muste）曾說：「沒有通往和平的道路；和平本身就是道路。」這表示我們可以用關注的眼光、微笑、言語及行動去實踐和平。

和平工作不是一種手段；我們的每一步都應該是和平，都應該是喜悅，都應該是快樂。下定決心，我們就能辦到。我們不需要等到未來；我們可以微笑，可以放鬆。我們想要的一切就在當下此刻。

拈花微笑的智慧

禪宗有一則與花有關的故事非常有名。

有一天，佛陀在法會中，面對著一千兩百五十位比丘、比丘尼，當眾拈起一朵花，沉默良久，聽眾也寂然無聲，每個人似乎都在努力思考，試圖看出佛陀這個姿勢背後的意義。

突然，佛陀微笑了，這是因為在大眾中有人對他以及他手中的花綻露微笑。這個弟子名叫摩訶迦葉，他是唯一露出微笑的人，而佛陀也回以一笑，並且說：「我擁有智慧的寶藏，我也已經將它傳授給摩訶迦葉了。」[1]

這個故事一向為歷代禪門弟子所討論，人們也持續尋求這個故事的意涵。對我來說，這故事的意義相當簡單。有人對著你拿起一朵花，這時他想要讓你看見它。如果你不斷地思索，就會錯失這朵花；停止思考的人，只是回歸自我的人，能夠深入地與那朵花相遇而微笑。

那就是生命的問題。如果我們不完全回歸自我，沒有真實地活在當下，就會錯失一切。當一個孩子面帶微笑出現在你眼前，如果你不是真實地活在當下，而思考著過去或未來，或是掛慮其他問題，那麼對你而言這個孩子就不是真實的存在。生存的方法是回歸自我，好讓那孩子顯現於眼前，如同不可思議的奇蹟。那時你就能看到他在微笑，並且張開雙臂擁抱他。

我想跟你們分享一首詩，作者是我的一個朋友，他大約在三十年前逝世於西貢，得年二十八歲。他過世後，人們發現他寫的許多美麗詩篇，而我讀過以下這首詩的時候也驚異不已，全詩不過短短幾行，卻極為優美：

你悄然佇立矮籬邊，
綻放的笑靨令人驚艷。
我無語，周身的感官迴盪著

你那美妙旋律的樂音，
無始亦無終。
對你，我深深地一鞠躬。

詩中的「你」指的是一朵花，一朵大麗花。那天早晨，當他走過一道圍籬時，他看到了那朵小花，他看得極為透澈；因為被它的模樣打動，所以他停下來，寫了這首詩。

我非常欣賞這首詩。或許你會以為這位詩人是個神祕主義者，因為他觀察與見識事物的方式極為深刻，然而，就跟我們任何一個人一樣，他只是平凡人。我不知道他用什麼方法或出於什麼原因而能夠如此觀察與見識，但是那正是我們練習正念的方式：喝茶、走路、坐下或插花時，我們都試圖觸及生命，深入觀察。而成功的祕訣是做真正的自己，這時，你就能在當下此刻與生命相遇。

譯註：

[1] 這段公案散見於禪門典籍，例如《無門關》：「世尊昔在靈山會上，拈花示眾。是時眾皆默然，惟迦葉尊者破顏微笑。世尊云：『吾有正法眼藏，涅槃妙心，實相無相，微妙法門，不立文字，教外別傳，付囑摩訶迦葉。』」《大正藏》，冊48，頁293。

觀呼吸小間

我們做任何活動都有專用的房間，吃飯在餐廳，睡覺在臥房，看電視在客廳，卻沒有練習正念的專屬空間。我建議每個人在家中設置一個小房間，稱為「觀呼吸小間」，在那兒，我們可以獨處，單純練習注意呼吸與微笑——至少在面對棘手情況時可用。

這個小間應該被視為和平國度派駐在家中的大使館，受到尊重，免於憤怒、咆哮等的侵犯。當孩子即將遭到厲聲的斥責時，他／她可以在這個小間得到庇護，無論是爸爸或媽媽都無法再對他／她吼叫，在和平大使館的領地範圍內，他／她是安全的。有時父母也需要到那個小間尋求庇護，坐下來，呼吸，微笑，然後回復自我。因此，這樣的小間對全家大小都有助益。

我建議這個小間的陳設要非常簡樸，而且光線不要太亮。你可能想要安置一口鈴聲悅耳的小鐘，幾塊坐墊或幾張椅子，也許另外再擺一瓶花，提醒自己不要忘失本性。你可以和自己的孩子一起插花，正念分明，面帶微笑。

每當心裡有點不舒服的時候，你知道自己最好要到那小間去，緩緩地把門打開，坐定，「請鐘發出響聲」——在我們國家，我們不說「敲」鐘或「撞」鐘——然後開始注意呼吸。鐘聲不但可以幫助在小間裡的那個人，也有助於家中其他的人。

假設你先生被激怒了，因為他曾學過注意呼吸的練習，所以知道他最好走進觀呼吸小間，坐下來注意呼吸；你在廚房忙著切胡蘿蔔，可能不知道他到哪裡去了，可是你也很難受，因為你們倆剛才有過爭執。你切胡蘿蔔的力道有點猛，因為你的怒氣被轉化為動作的一部分。突然間，你聽到鐘聲，這時你知道自己該怎麼做了。

你停止切菜的動作，開始注意吸氣、呼氣。你的情緒平復了一些；想到你先生知道在憤怒時該怎麼做，你也許會面露微笑。他正坐在觀呼吸小間中，呼吸，微笑。這真是太好了，沒有多少人能做到這一點。一種溫暖親切的感覺倏然生起，你覺得好多了。經過三次的呼吸之後，你又開始切胡蘿蔔，但這次的切法就有很大的不同了。

你的孩子親眼目睹你們夫妻間爭執的一幕，意識到一場暴風雨即將來臨，於是她躲進自己的房間，緊閉房門，一語不發地等待著。但是，她聽到的不是狂風暴雨，而是鐘聲，這讓她了解當時的情況而如釋重負。她也想對自己的父親表示感激，因此慢慢地，她走到觀呼吸小間，推開門，走進房間，坐在父親身旁以示支持。孩子的舉止對他幫助很大；他已經準備好要走出小間了，因為這時他已經能夠微笑，但因為自己的女兒就坐在身旁，所以他想讓鐘聲再次響起，好讓女兒能注意呼吸。

在廚房的你聽到第二次鐘聲，你知道這時候最該做的事也許不是切胡蘿蔔，於是你放下菜刀，走進觀呼吸小間；你先生知道你正推門進入小間，雖然他這時已經回復正常，因為你進來，他便在小間裡又多留了一會兒，讓鐘聲響起，好讓你能注意呼吸。

這一幕多美！如果你很富有，可以買一幅梵谷的畫掛在客廳，但它的美不及在觀呼吸小間的這一幕。在人類的行動中，最富有生命力、最有藝術價值的，是握手言和的舉動。

我知道有些家庭中的孩子們會在吃過早餐後進觀呼吸小間，坐定，然後注意呼吸，「吸、呼、一」，「吸、呼、二」，「吸、呼、三」，一直數到十，然後再去上學。如果你的孩子不想數息十次，也許三次就夠了。如此展開一天的生活是很美的，也對整個家庭有極大的幫助。如果你一早就正念分明，並且這一整天都努力培養正念，就能在一天結束時面帶微笑地回家——這抹微笑是不失正念的證明。

我相信每個家庭都應該有個房間，讓人可以用來注意呼吸。像觀呼吸與微笑這種簡單的練習非常重要，那可以改變我們的文明。

繼續旅程

我們已經正念分明的並肩而行，知道如何完全覺知地呼吸與微笑，從早到晚，不管在家裡，還是在工作中。我們討論過正念分明地用餐、清洗碗盤、開車、接電話，甚至用鐮刀割草。正念是快樂生活的基石。

但是，我們要如何處理棘手的情緒？當我們感到生氣、憤恨、懊悔、悲傷時該怎麼辦呢？

我學習過很多練習方式，過去四十年來，我發現其中有一些練習可以處理這些心理狀態。我們可否繼續一同踏上旅途，嘗試這些練習呢？

第二部

轉化與療癒

感受的河流

在引導我們一切的念頭與行動這方面，我們的感受扮演極為重要的角色。我們內在有一條感受的河流，河中每一滴水都是一種獨特的感受，每份感受也都依賴其餘一切感受而存在。若要觀察這條河流，我們只需坐在河岸，清楚辨認每份感受的浮現，流過，然後消逝。

感受有三種：愉快的感受、不愉快的感受，以及無所謂愉快或不愉快的感受。有了不愉快的感受時，我們可能想去之而後快，但是比較有效的方法是回歸專注地呼吸，同時單純地觀察這份感受，靜靜地對自己指出這份感受：「吸氣，我知道自己內在有不愉快的感受；呼氣，我知道自己內在有不愉快的感受。」為每種感受命名，例如「憤怒」、「悲傷」、「喜悅」或「快樂」，這有助於我們清楚的加以辨識，並且更深刻地認清這種感受。

我們可以運用呼吸來接觸自己的感受，接受自己的感受。如果我們呼吸輕鬆平穩——這是注意呼吸自然導致的結果——我們的身、心將慢慢地變得輕鬆、安定、清楚，我們的感受也會有同樣的變化。

正念的觀察以「非二元對立」的原則為基礎：我們的感受並未跟我們分開，也不是僅僅由外界的某個東西所引發的；我們的感受就是我們本身，而且在感受存在的那一刻，我們等同於那份感受。

我們並未淹沒在那份感受中，不會受到它的威嚇，但也不排斥它；我們的態度是不執著感受，也不排斥感受，這種態度就是放下，這是禪修重要的一部分。

如果我們用關注、慈愛、非暴力來面對自己不愉快的感受，就能將這些感受轉化為一種能量，這種健康的能量可以滋養我們。藉由正念的觀察這種做法，不愉快的感受可以為我們高舉明燈，讓我們能洞察並了解自己與社會。

不動手術

西方醫學過於強調手術，醫生總想拿掉不想要的東西。當我們體內有不正常的東西，醫生通常建議我們動手術。同樣的情況似乎也出現在心理治療的領域，治療師想幫助我們去除不想要的東西，只保留想要的東西。但最後留下來的可能所剩無幾了。

如果我們試圖丟棄我們不想要的，可能會丟棄大部分的自我。

我們不應該把自我的各個部位看成好像可以處理掉一樣，相反地，我們應該學習轉化的藝術。

例如，我們可以將自己的憤怒轉化成較為有益的形態，像是理解，而不需要開刀拿掉憤怒。如果我們對自己的憤怒發火，就同時擁有兩股怒氣；我們只要用愛和專注來觀察自己的怒氣。要是用這種方式處理我們的憤怒，不試圖逃離它，它自然會轉變。這就是和解。

如果我們內在和平，就能跟自己的憤怒和平共處。我們也可以用同樣的方法處理憂鬱、焦慮、恐懼，或任何不愉快的感受。

轉化感受

處理感受的第一步是在每種感受初起時的辨識，這個動作的主體是正念。以恐懼為例，你讓正念現前，看著自己的恐懼，認清它就是恐懼。你知道那份懼意源於你自己，而辨識恐懼的正念也來自於你自己，這兩者都在你內心，但不是交戰，而是正念照顧著恐懼。

第二步是與感受合而為一。最好別說：「恐懼，滾開！我不喜歡你。你不是我。」比較有效的說法是：「嗨！恐懼，你好嗎？」然後你就可以請自己的這兩個面貌，也就是恐懼與正念，像朋友般地握手，合而為一。這麼做似乎很可怕，但是因為你知道自己不只是恐懼，所以你不必害怕；只要有正念，它就能照顧陪伴你的恐懼。

最主要的練習是以注意呼吸來培養自己的正念，保持正念不失，念念分明。雖然剛開始你的正念可能不是很強，但如果你加以培養，它自會增強。

只要正念現前，你就不會溺斃於自己的恐懼中。事實上，一旦你讓覺知在內心產生，你就開始轉化恐懼了。

第三步是平息感受。當正念正在照顧你的恐懼時，你就開始平復恐懼。「吸氣，我平息身、心的活動。」你平息自己感受的方法只是與它同在，就像母親慈愛地抱著她哭泣的嬰孩。當小嬰兒感受到母親的慈愛，就會平靜下來，停止哭泣。這個母親就是發自你意識深處的正念，它會照顧苦痛的感受。抱著嬰兒的母親與自己的孩子成為一體。如果母親想著其他事，嬰兒就不會安靜下來；母親必須心無旁騖，只是抱著孩子。因此，不要逃避自己的感受，不要說：「你不重要，只不過是一種感受。」而是要與感受合一。你可以說：「呼氣，我平息自己的恐懼。」

第四步，釋放感受，放下它。因為你平靜，所以感到自在，即使在恐懼中也是如此，而且你也知道自己的恐懼不會發展到讓你無法應付的地步。當你知道自己有能力處理本身的恐懼時，這份恐懼就已經降到最低限度，變得比較柔和，也沒有那麼令人不快了。這時你可以對它報以微笑，放下它，但請勿就此打住。平息與釋放只是對治病症的藥，你現在有機會更深入，轉化恐懼的源頭。

第五步是深入觀察。你深入觀察自己的嬰兒，也就是恐懼的感受，以看出哪裡出了問題——即使在小嬰兒已停止哭泣，即使在恐懼已經消失之後。你不能永遠抱著嬰兒，所以你得深入觀察，看出問題的根源。藉由觀察，你將看到什麼會幫助你轉化那種感受。例如，你會了解嬰兒的痛苦有很多成因，不管在他體內或體外，如果他周遭有什麼不對勁，而你讓周遭恢復正常，將慈愛與關懷注入整個情況中，他就會感覺比較好。當你深入觀察自己的嬰兒時，你看到了讓他哭泣的要素，這時你就知道有哪些該做，哪些不該做，以便轉化感受，重獲自在。

這個過程類似心理治療。心理治療師和病患一起審視痛苦的本質，通常治療師能夠揭露痛苦的原因，那是源於患者看待事物的方式，也就是他對自己、對自己的文化，還有對世界所抱持的信念。

治療師和患者檢視這些觀點與信念，並且共同合作，幫助病患從這種牢籠中脫困而出；然而，患者自己的努力是解脫的關鍵。老師必須讓學生心中產生一個老師，治療師必須讓患者心中產生一個治療師，然後患者的「內在治療師」才能有效地提供全天候的療癒。

治療師的療法並不是只給患者另一套信念，而是試圖幫助患者自己看出哪些觀念和信仰導致他的痛苦。許多患者急欲除去痛苦的感受，卻無意捨棄自己的信念，但那些觀點正是苦受的根源。

所以治療師和患者必須合作，幫助患者看清事物的真相。以正念轉化感受也一樣：辨識感受，與感受融合，平息感受，釋放感受，然後我們就能深入觀察它的成因，這些成因經常建立在不精確的認識基礎上。我們一旦了解自己種種感受的成因與本質，這些感受馬上開始自行轉化。

正念觀照憤怒

憤怒是一種讓人不愉快的感覺，它就好比一把熾烈的火，焚毀我們的自我控制能力，也讓我們說出之後會後悔的話或做出後悔的事。當某人生氣的時候，我們很清楚地看到這個人正身處地獄中，憤怒與仇恨是構成地獄的要件。一顆不帶憤怒的心是冷靜、清涼而穩健的。沒有憤怒是真正快樂的基礎，也是愛與慈悲的基礎。

當我們把憤怒攤在正念的燈光下時，憤怒的一部分破壞性本質立即開始消失。我們可以這樣告訴自己：「吸氣，我知道我心中有怒氣；呼氣，我知道我就是自己心中的怒氣。」如果我們專注於自己的呼吸，同時確認並注意觀察我們的憤怒，如此一來，憤怒就再也無法完全掌控我們的意識了。

覺知有必要成為憤怒的伙伴；我們覺知自己的憤怒，但不是去壓制或是驅逐憤怒，而只是看顧憤怒。這是很重要的原則！正念的覺照本身並不是法官，而比較像個姊姊，用關懷又親切的方式看顧著妹妹。我們可以專注於呼吸，以便維持這份正念，也藉此全面認識自己。

當我們憤怒的時候，通常不容易回歸自我，反而會去想那個激怒我們的人，去想他可恨的一面——他的粗魯、不誠實、殘酷無情、存心不良等等。我們對這個人想的越多、聽的越多、看的越多，心中的怒火就越大。他的不誠實及討人厭或許是真的，也或許是想像出來的，或是被刻意誇大的，但事實上，問題的根源就在憤怒本身。因此，我們必須回到自己身上，先看看我們的內在，最好不去聽或去看那個我們認定造成我們憤怒的元凶。就如同消防人員，我們必須先用水澆熄烈焰，而不是浪費時間去找縱火者。「吸氣，我知道我在生氣；呼氣，我知道我必須傾全力來照料自己的憤怒。」所以我們不要去想別人，只要怒氣不消，就克制自己不去說或去做任何事。如果我們集中心力觀察自己的憤怒，就可以避免造成事後遺憾的傷害。

當我們生氣時，我們的憤怒正是我們的自我；壓抑或驅逐憤怒就是壓抑或驅逐自我。當我們高興時，我們就是那份喜悅；當我們生氣時，我們就是那股怒氣。當憤怒從我們內心生起時，我們可以察覺到憤怒是內在的一股能量，我們也可以接受這樣的能量，以便把它轉化成另一種能量。我們擁有一個堆肥桶，裡面裝滿了腐爛且發臭的有機物，這時，我們知道自己可以將這些廢棄物轉換成美麗的花朵。一開始，或許我們會以為堆肥和鮮花兩者有天壤之別，但當我們深入觀察時，就可以看到鮮花已存在於堆肥中，而肥料也內存於鮮花中。一朵鮮花兩、三個星期就會分解腐爛；一位優秀的有機園丁看著她的肥料時，就可以看得出這一點，但不覺得難過或嫌惡，相反的，她很重視這腐爛的物質，而且不歧視它——只需要幾個月的時間，肥料就會讓鮮花綻放。

對於自己的憤怒，我們需要這個園丁的洞察力與跳脫二元對立的眼光；我們不必害怕憤怒，也不用排斥它，因為我們知道憤怒可以是一種肥料，它可以讓美好的事物誕生。我們需要憤怒就如同有機園丁需要肥料，如果我們知道如何接受自己的憤怒，就已經擁有了些許平靜與喜悅；漸漸地，我們就可以將憤怒完全轉化成安詳、愛與善解人意。

搥枕頭出氣

發洩怒氣未必總是處理憤怒的最佳方式，在發洩的同時，我們可能也在反覆演練發怒，而使得意識深處的怒火更熾盛，而對令我們發火的對象表達憤怒之意，也可能造成極大的傷害。

我們有些人可能寧願走進自己的房間，鎖上房門，搥枕頭出氣。人們將這種舉動稱為「與自己的憤怒接觸」，但是我不認為這跟我們的憤怒有任何接觸，我甚至認為這樣做連枕頭都沒碰到。如果我們真正接觸到枕頭，就會如實地認識枕頭，也就不會搥打它了。

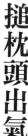

儘管如此，這種方法可能暫時奏效，因為這麼做會大量消耗體力，經過一段時間我們就會筋疲力竭，心裡覺得比較舒坦。

然而，憤怒的根源依然絲毫不受影響。如果我們走出房間吃點有營養的食物，體力就會恢復。要是我們憤怒的種子又獲得水分的滋養，怒氣將再度萌生，那我們就又得搥枕頭出氣了。

搥枕頭可能讓我們獲得些許釋放的感覺，但並非長久之計。為了要能真正轉化，我們必須處理憤怒的根源，深入觀察憤怒的成因；如果我們不這麼做，憤怒的種子會重新萌芽。如果我們練習正念分明地生活，散播健康有益的新種子，這些種子就會照顧我們的憤怒，而且不需要我們要求，它們自然會讓憤怒轉化。

我們的正念會照顧一切，正如陽光照顧所有草木一樣。陽光似乎沒做什麼，只是照射在草木上，但它卻轉化萬物。每當天色一暗，罌粟花的花瓣就合攏，但只要接受陽光照撫一、兩個小時，就會盛開。陽光穿透花朵，到了某個程度，這些花就不得不綻放。

同樣地，經過不斷的練習，正念會讓我們憤怒的花朵產生轉變，然後憤怒就會開顯，向我們展露它的本質；當我們了解自己的憤怒的本質，憤怒的根源，就解脫了憤怒的束縛。

憤怒時的步行禪

怒氣產生時，我們可能想到戶外練習步行禪，清新的空氣、蒼翠的樹木與植物將對我們大有助益。我們可以這麼練習：

吸氣，我知道這兒有股怒氣；
呼氣，我知道那股怒氣就是我。
吸氣，我知道憤怒令人不快；
呼氣，我知道這種感受會消逝。
吸氣，我是平靜的；
呼氣，我夠堅強，可以照顧這股怒氣。

為了要緩和憤怒引起的不愉快感受，我們全心全意地練習步行禪，結合自己的呼吸與步伐，全神貫注於腳底與地面的接觸。一邊走，一邊持誦這首偈誦，等待自己平靜到可以直觀憤怒的地步。

在那之前，我們可以享受自己的呼吸、步行，以及周遭環境的美。經過一段時間，我們的憤怒會減緩，我們自覺比較堅強。這時我們可以開始直接觀察這股怒氣，試著了解它。

煮馬鈴薯

在練習一段時間的正念觀察之後，由於覺知之光，我們開始看出自己憤怒的首要原因。禪修幫助我們深入觀察事物，以看清它們的本質。如果我們洞察自己的憤怒，就能看到它的根源，例如誤解、笨拙、不公平、不滿或制約。這些根源可能出現在我們自己身上，也出現在引爆我們怒氣的那個人身上。我們正念分明地觀察，以便能看清並了解；看清和了解是解脫自在的兩大要素，它們會帶來愛與慈悲。在正念中觀察以便看清與了解憤怒的根源，這種方法有持久的效用。

我們不能生吃馬鈴薯，但也不會因為馬鈴薯沒煮過就丟棄它，因為我們知道可以把馬鈴薯煮熟。於是，我們把馬鈴薯放進一鍋水裡，蓋上鍋蓋，再把鍋子移到爐火上煮。用來煮熟馬鈴薯的火就是我們的正念，也就是注意呼吸與專注於憤怒的練習；鍋蓋象徵我們的專注，因為它防止熱氣溢出鍋外。

練習注意呼吸，洞察憤怒時，我們需要某種程度的專注，練習才能穩固。因此，對於令人分心的事物我們一概不管，只是全心專注於問題之所在。如果我們走進大自然，置身花間、樹叢中，會比較容易練習。

鍋子一放在火上，就有了轉變——水溫開始升高。十分鐘後，水沸騰了，但是我們得讓火繼續燃燒一陣子，才能把馬鈴薯煮熟；當我們練習察覺自己的呼吸與憤怒時，轉變就已經發生了。半個小時後，我們打開鍋蓋，聞到不同的味道，就知道這個時候已經可以吃馬鈴薯了；憤怒已經被轉化成另一種能量——了解與慈悲。

憤怒的根源

憤怒的根源是缺乏對自我的了解，也不了解造成不愉快情況的遠因和近因，憤怒也根植於欲望、驕傲、躁動不安，還有猜疑。我們憤怒的主要根源在於自己，環境和其他人都是次要的。

要我們接受地震、洪水等天災所帶來的重創並不難，但是當傷害是由其他人造成時，我們就很難忍耐。我們都知道地震與洪水其來有自，也應該明白引爆我們怒氣的人的所作所為也同樣有遠因和近因。

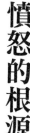

舉例來說，對我們口出惡言的人，可能前一天也被人惡言相向，也可能在小時候被醉醺醺的父親痛罵。看清與了解這種種原因之後，我們就開始能夠解脫憤怒的束縛了。

我並不是說惡意攻擊我們的人不應該受懲戒，而是認為最重要的是我們先看顧自己本身負面的種子，之後如果有任何人需要協助或懲戒，我們以慈悲心來做這件事，而不是出於憤怒或報復。如果我們真誠努力想了解對方的痛苦，所採取的行動就比較可能幫助他戰勝自己的痛苦與迷惑，如此一來，對所有人都有幫助。

心結

佛教心理學有個術語，它可以被翻譯為「內在構造」、「縛」或「結」。當感官輸入外界資訊時，根據我們接受感官資訊的方式，可能就有個結繫縛在心中。要是有人對我們說話不客氣，而我們瞭解它背後的原因，不把他或她所說的話放在心上，那麼我們根本不會感到惱怒，也不會有任何心結的綁縛。但是，如果我們不明白為什麼被人用這種口氣說話，就勃然大怒的話，就會產生心結。每個心結的產生，都是建立在缺乏清楚理解的基礎上。

如果我們練習保持充分的覺察力，當心結形成時，我們馬上可以辨識，並且設法加以轉化。

打個比方，太太可能聽到自己的先生在宴會中自我吹噓，心裡產生對先生不尊重的心結。如果她跟先生討論這件事，或許他們可以對彼此有清晰的瞭解，如此一來，她心裡那個「結」就可以輕易地解開了。當心結一出現，力量還很微弱時，我們需要全神貫注去面對，才容易轉化心結。

如果我們不在心結形成之初就加以化解，這些心結就會變得更牢固、更強韌。我們內心意識與理智的那一面，知道生氣、恐懼、悔恨等負面的感受不全然能被自己或社會所接受，所以設法壓抑這些感受，把它們推入意識深處，只為了忘記它們的存在。我們為了要避免痛苦，所以創造心理防禦機制，否定這些負面情緒的存在，並且留下一個印象，讓我們自以為內心平靜。但是我們的心結總是透過破壞性的印象、感受、念頭、言語或行為伺機竄出。

處理下意識心結的首要之務，是設法察覺它們的存在。練習注意呼吸，藉此我們或許可以找到一些自己的心結。

當我們察覺到自己的印象、感受、念頭、言語與行為時，可以自問：為什麼當我聽到他那樣說的時候，會覺得不舒服？為什麼我對他說那些話？為什麼我每次看到那位女士總會想起我的母親？為什麼我不喜歡電影裡的那個角色？她像我過去憤恨的哪一個人？像這樣仔細地觀察，可以讓埋藏在我們心中的結在意識層浮現。

在禪坐中，當我們關閉了感官資訊輸入的門窗後，深藏的心結有時候會以印象、感受或念頭的形態出現。我們或許會注意到有焦慮、恐懼或不愉快的感覺，卻不知道這種感覺是怎麼來的。

因此，我們將正念之光對準這種感覺，並且讓自己做好心理準備，看清這印象、感受或念頭中所有複雜的內涵。當它開始露臉時，可能會變得更有力、更強烈。我們或許會發現它是如此強悍，以致剝奪了我們內心的平和、喜悅與自在，讓我們再也不想與它有任何接觸。我們可能想把注意力轉移到另一個禪修對象上，或徹底的中斷這次禪修，也可能覺得昏昏欲睡，或表示寧願改天再來禪修。這些反應在心理學稱之為抗拒。

我們害怕把藏在心中的痛苦感受帶進意識層，因為這種感受讓我們受苦。但是，如果我們已經練習注意呼吸與微笑一段時間，我們就已經有能力靜坐，純粹觀察自己的恐懼。當我們繼續呼吸，保持微笑時，我們可以說：「嗨！恐懼，你又出現了。」

有些人每天花好幾個小時練習禪坐，卻從未真正面對自己的感受。他們有些人會說感受並不重要，寧可把注意力放在形上學的問題。我並不是主張禪修上的其他議題不重要，但是，如果我們不是對照自己真正的問題來思考這些議題的話，我們的禪修就不是真的很有價值或幫助。

如果我們知道如何時時刻刻清醒地生活，就可以在每一個當下清楚地察覺自己的感覺與認知的變化，也就不會讓心結在意識層形成，或者纏縛得更牢固。另外，如果我們知道如何觀察自己的感受，就可以找到長期盤踞的心結根源何在，並且加以轉化──即使是已經變得相當牢固的心結。

共同生活

當我們與另一個人共同生活時，為了維護彼此的快樂，我們應該彼此幫助，轉化雙方共同造成的心結。藉由練習相互瞭解以及運用慈言愛語，我們可以幫彼此很大的忙。

快樂不再是個人的事，如果對方不快樂，我們也不會快樂。幫助對方化解他的心結，也會為我們自己帶來快樂。太太可能造成先生的心結，反之亦然，而如果他們兩人繼續讓對方產生心結，總有一天，快樂終將不再。

因此，一旦有心結產生，比如說，妻子有心結，那麼她應該知道自己心中不久前打了個結，不應該忽略它，反而應該花時間好好觀察，並且藉由先生的幫助，轉化這個心結。她可以說：「親愛的，我看到有個衝突越來越嚴重，我想我們最好討論一下。」當夫妻彼此的心態還相當自在，沒有太多心結時，比較容易相互幫忙化解心結。

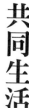

任何心結都根源於缺乏瞭解。

如果在產生心結的當下能看出誤解，我們就可以輕而易舉地解開心結。練習正念分明地觀察就是深入觀察，以便能夠看清楚事物的本質與成因，而這種洞見的重要利益之一，就是解除我們的心結。

注視著自己的手

我有一個朋友是藝術家，四十年前，在他離開越南之前，他的母親握著他的手對他說：「想念我的時候，只要你注視著自己的手，就馬上可以看到我。」這段簡單而真摯的話多麼有智慧啊！

這些年來，我這個朋友注視自己的手很多次了，他在自己手中看到的母親不僅是遺傳基因的存在，還有她的精神、她的希望以及她的生命。凝視著自己的手時，他可以看見在他之前成千上萬代的祖先，也看見在他之後成千上萬代的子孫；他可以看到自己不僅存在於沿著時間軸伸展的進化之樹，同時也存在於相互依存的網絡上。他告訴我，他從來不覺得孤單。

去年夏天，我的姪女來拜訪我，我把「注視著自己的手」提供給她，作為禪修主題。我告訴她，每一顆小圓石、每一片葉子、每一隻蝴蝶，都存在她手中。

父母親

每當我想起母親時，我無法將她的形象與我對慈愛的觀念區隔開來，因為慈愛是她甜美、柔和的語調中自然而然的一部分。失去我母親的那一天，我在日記裡這麼寫著：「我生命中最大的悲劇發生了！」儘管當時我已經成年，遠離家鄉，母親的逝世依舊讓我覺得自己像個被遺棄的小孤兒。

我知道很多西方的朋友對他們的父母並沒有像我這樣的感覺。我聽過很多的故事，都是父母嚴重地傷害了自己的子女，在子女身上種下許多痛苦的種子，但我相信他們並不是故意種下這些種子的，他們也不想讓自己的孩子受苦。也許他們從自己的父母那兒接受了同樣的種子，這些種子世代相傳，綿延不斷，所以他們的父母也可能從上一代傳承了這些種子。

我們大多數人都因為忘失正念的生活而深受其害，而正念生活的鍛鍊，也就是禪修的鍛鍊，可以結束這種痛苦，讓這樣的悲傷不再傳遞給我們的子子孫孫。我們可以打破這種惡性循環，不讓這種痛苦的種子傳給孩子、朋友或其他任何人。

有個十四歲的男孩在梅村練習禪修，他告訴我下面這個故事。

他十一歲時很氣自己的父親，因為每當他跌倒受傷，父親就會對他咆哮。這孩子對自己發誓，長大以後絕對不要像父親一樣。

去年，他的小妹和其他小朋友一起玩的時候，從鞦韆上摔下來，膝蓋擦傷流血。這個男孩很生氣，正想對妹妹大吼：「怎麼這麼笨？你是怎麼搞的？」但是他突然察覺到自己的反應，因為他曾經練習注意呼吸與保持正念，所以能夠察覺自己的憤怒，沒有在一氣之下罵人。

大人們照顧著妹妹，為她清洗傷口，貼上繃帶，所以他慢慢地走開，練習在怒氣中注意自己的呼吸。突然間，他看清自己竟然是父親的翻版！

他告訴我：「我體會到如果我不設法處理內在的憤怒，很可能又把這樣的情緒傳給我的孩子。」在此同時，他也看到另外一點：他看出自己的父親過去可能和他一樣是受害者，他父親可能是從他祖父那兒繼承了憤怒的種子。對一個十四歲的男孩來說，有這樣的洞見真是了不起，但是因為他一直練習正念，所以能夠有這樣的見地。

「我告訴自己一定要繼續練習，才能轉化我的憤怒。」幾個月後，他的憤怒消失了。隨後，他將自己練習的成果回饋給父親，告訴父親自己曾對他感到生氣，但是現在他瞭解了。他還說，希望父親也能練習，以轉化自己憤怒的種子。我們通常以為父母親必須要養育孩子，但是有時候孩子也會啟發父母，幫助他們自我轉變。

當我們用慈悲心來看待父母時，常會看到自己的雙親不過是受害者，從沒有機會練習正念，無法轉化自己的痛苦。但是，如果我們以悲憫的眼光看待他們，就可以帶給他們喜悅、平靜與寬容。實際上，當我們深入觀察時，就會發現不可能丟掉對父母的一切認同。

每當我們泡澡或淋浴時，如果能仔細看著自己的身體，就會發現這是父母、祖父母給我們的一份禮物。當我們清洗身體的每個部位時，可以觀想身體的本質與生命的本質，問問自己：「這個身體屬於誰？是誰給了我這個身體？給予的內容是什麼？」用這種方式禪觀，我們會發現有三個組成條件：給予禮物的人、給予的禮物，以及接受禮物的人。

給予禮物的人是我們的父母，我們是父母以及列祖列宗的延續；給予的禮物是我們的身體；接受禮物的人就是我們自己。當我們如此繼續觀想，可以很清楚的看到，給予禮物的人、給予的禮物，以及接受禮物的人，這三者是一體的，都存在於我們的身體中。當我們深刻地切入當下這一刻時，就可以看到所有的祖先及所有未來的子孫都存在於我們身上。看到這一點，我們就會知道什麼事應該去做、什麼事不應該做——為了我們自己、我們的祖先，還有我們的子女和後代子孫。

培養健康的種子

意識存在於兩種層次中：一種是潛藏的種子，一種是這些種子的外顯。假設我們內在有憤怒的種子，當情況對它的發展有利時，這顆種子就會顯現，成為一道能量區，稱為憤怒。憤怒如烈焰，讓我們覺得痛苦萬分；在憤怒的種子顯露之時，我們很難保持喜悅。

一顆種子一有機會出現，就會複製若干同類的新種子。如果我們生氣五分鐘，在這五分鐘之內，憤怒的新種子就會產生，並且儲存在我們心中下意識的土壤中，這也就是為什麼我們必須小心選擇生活方式，以及所要表達的感情。

當我微笑，微笑與喜悅的種子就會萌芽，只要這些種子出現，就會植入微笑與喜悅的新種子。然而，如果我有幾年的時間不練習保持微笑，微笑的種子就會變弱，我可能再也無法微笑。

我們內在有許多不同種類的種子，包括善的與惡的。有些種子是在我們這一生中種下，有些種子傳承自我們的父母、祖先以及社會。一粒小小穀物中保存過去的世代流傳下來的知識，讓它知道如何發芽、抽葉、開花、吐穗；我們的身心也同樣保有前人傳授的知識，我們的祖先及父母給予我們喜悅、平靜與快樂的種子，同時也給我們悲傷、憤怒等種子。

每當我們練習正念生活時，就種下了健康的種子，同時強化內在已經具有的健康種子。健康的種子與抗體的功能相似：當病毒進入我們的血液時，我們的身體會起反應，產生抗體，這些抗體會包圍、處理並轉化病毒；我們心理上的種子也一樣，如果我們種下健全、有治療作用、能重振人心的種子，不必我們要求，這些種子自會照料負面的種子。為了成功轉化負面種子，我們必須培育一大塊能重振人心的種子保護區。

有一天，在我居住的村子裡，我們痛失了一位非常親密的法國友人，他在我們建造梅村時幫了很大的忙。有一天夜裡他心臟病發猝逝，隔天早晨我們才聽到他去世的消息。他為人非常親切，每次與他的短暫相處中，他總是帶給我們無限喜樂，我們覺得他就是喜悅與寧靜的化身。那天早晨聽到他的死訊時，我們都很遺憾沒有多花一點時間跟他在一起。

那天晚上，我無法入睡。

失去像他這樣的朋友，讓我感到錐心之痛。但是隔天早上我要演講，我需要睡眠，所以我練習注意呼吸。那是一個寒冷的冬夜，我躺在床上，觀想我小茅屋院子裡美麗的樹木。那是三棵喜馬拉亞種的杉樹，我在幾年前親自種下，現在這些樹已經長得很高大了，在練習步行禪的時候，我習慣停下來，擁抱這些美麗的杉樹，同時練習呼吸，吸進、呼出。這些樹總是對我的擁抱有所回應，這一點我很確定。所以我躺在床上，注意著呼吸的進出，與杉樹及自己的氣息合而為一。我感覺好多了，但還是睡不著。

最後，我請一個可愛的越南小孩的影像浮現在我的意識層。這個小女孩名叫小竹，兩歲的時候來到梅村，她很可愛，每個人都想將她抱在懷裡，尤其是小朋友，他們甚至不讓小竹在地上走！她現在已經六歲了，當你用雙手抱著她時，你會覺得很有朝氣、很美妙，所以我邀請她到我的意識層來，我練習注意呼吸，並且對著她的影像微笑，一會兒，我就沉沉入睡了。

我們每個人都需要有一塊種子的保護區，儲備美麗、健康、有力而足以幫助我們度過難關的種子。有時候，因為我們內在痛苦的障礙實在太大，縱使眼前就有一朵花，我們也碰觸不到它。這時，我們知道自己需要幫助。如果我們擁有強大的健康種子庫，就可以請其中一些種子現形，幫助我們。

如果你有個知己對你非常瞭解，如果你知道，當你們並肩而坐，即使不發一語，也能讓你覺得比較舒服，那麼你就可以邀請她的影像進入你的意識，你們「兩人」可以「一起練習注意呼吸」。在困境中，光是這樣做，或許就會對你大有幫助。

但是，如果你很久沒有見過這個朋友，她的影像可能會非常微弱，以致你無法在意識層中看見。如果你知道她是唯一可以幫你重建平衡的人，而她在你心中的印象又已經太模糊，那麼你只有一個辦法：馬上買票啟程去找她，如此一來，跟你在一起的就不是一顆種子，而是一個活生生的人。

如果你去找她，必須知道如何善用時間，因為你跟她在一起的時間有限。當你抵達時，靠近她坐著，當下你就會覺得比較堅強。但是你知道自己很快就得回家，因此，趁你還在那裡的時候，必須好好把握機會，在每一個寶貴的時刻練習全然的覺知。

你的朋友可以幫你重建內在的平衡，但這還不夠，你自己的內心也要變得堅強，當你再度獨處時才會覺得好過，這也就是為什麼在與她同坐或同行時，你必須練習正念。如果你不這麼做，如果你只是利用她的存在來減輕自己的痛苦，她影像的種子就不夠強，無法在你回到家後繼續支持你。我們必須要時時刻刻練習正念，才能在內心種下具有治療作用、能重振人心的種子；而後，當我們需要這些種子時，它們就會來照顧我們。

哪裡沒問題？

我們常會問：「出了什麼問題？」當我們這麼問的時候，就已經邀請讓人痛苦的悲傷種子出場了。我們感到痛苦、憤怒、沮喪，同時製造出更多類似的種子；如果試著接觸我們內在與周遭健康喜悅的種子，我們會變得快樂多了。

我們應該學會問：「哪裡沒問題？」並且接觸「沒問題」的事物。不管在世界上，或我們的身體、感受、認知及意識中，都有這麼多健全、有淨化與治療功能的元素，如果我們封閉自己，如果我們一直待在自己悲傷的囚室中，就無法接觸到這些能療傷止痛的元素。

生活中處處充滿驚喜，像藍天、陽光，還有嬰兒的眼睛。我們的呼吸也可以讓人無比喜悅；我每天都享受呼吸，但是，有很多人只有在氣喘或鼻塞時，才會珍惜呼吸的快樂。我們不需要等到得了氣喘，才來享受呼吸。

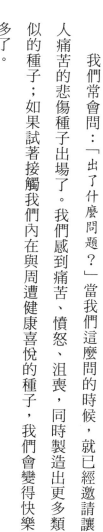

覺察珍貴的快樂元素本身就是正念的練習。我們的內在與周遭環境都有這種元素，我們在生命中的每一刻都可以享用。如果這麼做，我們的內心就會種下安詳、喜悅與快樂的種子，這些種子會日漸茁壯。

快樂的祕訣就是快樂本身。無論我們身在何處，無論在什麼時間，我們都可以享受陽光，享受彼此的存在，享受我們能自在呼吸這項奇蹟，不必到其他任何地方旅行，在當下此刻，我們就能觸及這些事物。

責備毫無幫助

栽種萵苣時，如果長得不好，不要責怪萵苣，應該找出它為什麼長不好的原因——它可能需要肥料，或多一點水，或少一些陽光——永遠不要責備萵苣。但是，如果我們跟朋友或家人之間出現問題，我們會責備對方；事實上，要是我們知道如何照顧親友，他們會像萵苣一樣長得很好。

責備不會帶來任何正面效果，試圖用論理、辯解以說服別人，也一樣效果不彰。這是我的經驗：不要責備，不要論理，也不要辯論，只要瞭解；如果你瞭解，也讓對方知道你瞭解，你就能愛人，情況也會有所轉變。

有一天，我在巴黎演講，談到不要責備萵苣。

演講過後，我獨自一人練習步行禪，當我走到大樓的轉角時，無意中聽到一個八歲的小女孩對她的母親說：「媽咪，記得要幫我澆水喔！因為我是你的萵苣。」我是很高興這個小女孩完全瞭解我說的重點。然後，我聽到了她母親回答：「我會的，乖女兒。我也是你的萵苣喔！所以請妳也不要忘了要幫我澆澆水。」

母女一起練習，多麼美好！

本性

佛教用「本性」這個詞表示「人、事的本質、特性或真正的性質」。每個人都有他或她的本性；如果我們要平靜幸福地與一個人共同生活，必須看出那個人的本性。若能做到這一點，我們就會瞭解對方，也就不再有煩惱，可以幸福平靜地生活在一起。

為了取暖及煮食的需要而在家中裝設天然瓦斯時，我們知道瓦斯的本性：瓦斯具有危險性，我們一不注意，瓦斯會要了我們的命。但我們也知道我們需要瓦斯來煮食，所以毫不猶豫地將瓦斯接通到自己家裡。

同樣的道理也適用於電力：我們有可能觸電死亡，但是當我們注意使用時，電力對我們有幫助，而且不會有問題，因為我們對電的本性有所瞭解。

對一個人也是一樣，如果我們對一個人的本性不夠瞭解，可能會為自己惹來麻煩；相反地，如果我們知道了他人的本性，就可以彼此欣賞，也可以從對方身上獲益良多。其中的關鍵在於瞭解一個人的本性。

我們不能期待一個人永遠像盛開的花朵般美好，也要去瞭解他或她花落凋謝為垃圾的那一面。

瞭解

瞭解與愛不是兩回事，而是同一件事。假設你的兒子某天早上起床時發覺已經很晚了，他決定叫他的小妹妹起床，讓她在上學前有足夠的時間吃早餐。結果她卻不高興，不但沒有對哥哥說：「謝謝你叫我起床。」反而說：「閉嘴！不要管我！」還踢了他一腳。你兒子可能火冒三丈，心想：「我好心的叫她起床，她為什麼踢我？」接著他會去廚房向你告狀，或者回踢他妹妹一腳。

但是，這時他想起妹妹整晚都咳嗽咳得很厲害，於是他知道妹妹一定生病了，或許因為她感冒，才會有惡劣的行為。在那一刻，他瞭解，因此再也不生氣了。當你瞭解時，心中自然有愛，無法動怒。為了要增進瞭解，你必須練習用慈悲的眼光看待一切眾生。能瞭解，心中自然有愛；有了愛，行為舉止自然能減輕人們的痛苦。

真愛

我們真的必須瞭解我們想愛的人。如果我們的愛只是一種占有慾，那就不是愛；如果我們心裡只想著自己，只知道自己的需求，不管對方的需求，我們就沒有愛的能力。我們必須深入觀察，才能看清與瞭解我們所愛之人的需求、願望以及苦難；這才是真愛的基礎。

當你真正瞭解一個人，你很難不愛他或她。

有時，你要坐在你所愛的人身旁，握著他或她的手問：「親愛的，我瞭解你夠深嗎？還是我讓你受苦呢？請你告訴我，我才能夠學會用適切的方式來愛你。我不想讓你受苦，要是我因為無知而讓你痛苦，請告訴我！這樣我才能用更好的方式愛你，你也才會快樂。」如果你說這些話時，語調表達出真正想瞭解的坦誠，對方可能會感動落淚。這是一個好徵兆，因為它代表相互瞭解之門正在開啟，而且一切希望又再度出現。

一個父親可能沒有時間，或沒有足夠的勇氣問自己的兒子這種問題，那麼父子之間的愛就不會圓滿。問這些問題要有勇氣，可是如果不問，當我們愛得越深，對我們想愛的人可能造成更嚴重的傷害。

真正的愛需要以瞭解為前提；能瞭解，我們所愛的人必然會順利發展。

悲憫觀

慈愛，是一種帶給他人平靜、喜悅與快樂的心；悲憫，則是拔除別人所受苦難的心。我們心中都有慈愛與悲憫的種子，也都能開發這些美妙的能源。我們可以培養無條件的愛，這種愛不求回報，也因此不會導致焦慮或憂傷。

慈悲心的精髓是瞭解，也就是辨識他人身、心、物質等苦難的能力，設身處地體會他人感受的能力——我們「融入」別人的身體、感受、心結，親身體會他人的痛苦。只以旁觀者粗淺的觀察，不足以看清他們的苦難，我們必須與觀察的對象合而為一。當我們碰觸到別人的苦難時，內心會產生一種悲憫之情。悲憫字面上的意思就是「共患難」。

一開始，我們選擇的禪觀對象是生理或物質上正在受苦的某人，此人也許體弱多病、貧窮、受欺壓，或沒有受到任何庇護；這種痛苦我們很容易看得出來。接著，我們可以練習接觸更細微的痛苦：有時某人看來根本沒有痛苦，但是我們可能注意到傷痛在他內心隱隱留下烙痕；物質生活優渥舒適的人也有痛苦。修悲憫觀時，無論在禪坐中或實際與他接觸，我們都要深入觀察作為對象的這個人，讓自己有足夠的時間真正觸及他的痛苦，持續觀察他，直到我們悲心生起，充滿我們整個生命。

以這種方式深入觀察時，我們禪修的結果自然而然會轉化為某種行動。我們不會光說：「我很愛他。」而是說：「我會想辦法讓他減少痛苦。」悲心真正出現，是當它有效地拔除他人的痛苦時。我們必須設法培養及表達自己的悲心；當我們與他人接觸時，我們的思想和行為應該流露悲心，即使對方說出或做出令人難以接受的事。

我們用這種方法練習，直到清楚地看見自己的愛不是建立在對方是否可愛這個條件上，那時我們就會知道自己的悲心是穩固而真切的。我們自己會變得更自在，而禪觀的對象最終也會受益——他的痛苦會逐漸減輕，他的生命也會因為我們的悲心而慢慢地變得更光明、更快樂。

我們也可以把造成我們痛苦的人當作禪修的對象，因為任何讓我們受苦的人本身必定也受苦。我們只需要注意呼吸，深入觀察，自然會看到對方的痛苦。他的困境與悲傷可能部分來自年幼時父母不成熟的對待方式，而他的父母本身也可能是他們父母的行為之受害者；這種痛苦代代相傳，同樣出現在他身上。看到這一點，我們就不會再責怪他讓我們受苦，因為我們知道他也是受害者。

深入觀察就是瞭解；只要瞭解他行為惡劣的原因，我們對他的怨恨會消失，同時希望他的痛苦能減輕。我們也會覺得清涼、釋懷，而且能微笑，不需要對方在場我們就能達成和解。當我們深入觀察時，我們跟自己恢復友好；對我們來說，問題不復存在。對方早晚會看到我們態度的轉變，共享發自我們內心慈愛之流的清涼。

慈愛觀

慈愛的心為我們自己和他人帶來平靜、喜悅與快樂。正念分明的觀察是滋養瞭解之樹的養分，而悲憫與慈愛是綻放在那枝頭上最美麗的花朵。體會了慈愛心，我們就必須走到自己正念觀察的對象身邊，讓我們的愛心不僅是自己想像的對象，而是一股動力的來源，對世界造成實際的效應。

慈愛觀不只是靜坐，不只是觀想自己的愛像聲波或光波一樣遍布虛空。聲音與光線可以遍布四處，慈悲也一樣；但我們的愛如果僅止於一種想像，就不可能有任何實際的效果。

只有在日常生活中，在實際與他人接觸中，我們才能知道自己有沒有愛心，自己的愛心有多堅定。如果是真愛，就會在我們的日常生活中流露，在我們與他人、與世界的關係中流露。

愛的源頭在我們內心深處，我們有能力幫助別人體會許多快樂。一句話、一個舉動，或一個念頭，都可以減輕別人的痛苦，帶給別人喜悅：一句話可以給人安慰，給人信心，粉碎疑惑，助人避免犯錯，調解衝突，或開啟解脫之門；一個舉動可以救人一命，或幫助一個人善用生命中難得的機緣；一個念頭也有同樣的效用，因為念頭引發言語和行動。

若我們心中有愛，每個念頭、言語、行為都能造成奇蹟。因為瞭解就是愛的基礎，發自愛心的言語和行動永遠都能有助於人。

擁抱禪

擁抱是西方一種很美的習俗，來自東方的我們希望能在擁抱中加上注意呼吸的練習。當你懷中抱著一個孩子，或擁抱你的母親、先生、朋友時，如果你注意呼吸三次，你的快樂至少增加十倍。

如果你心不在焉，想著其他的事，那麼你的擁抱也會不專注、不深刻，那麼你就可能無法充分享受擁抱。因此，當你要擁抱自己的孩子、朋友或伴侶時，我建議你先注意呼吸，回到當下此刻；然後，當你將他或她擁入懷中時，再注意呼吸三次，如此你會享受到前所未有的擁抱之樂。

有一次，我們在科羅拉多的心理治療師禪修營中練習擁抱禪，禪修結束後，有一個學員回到費城，他在機場用全新的方式擁抱妻子，這使得她來參加我們在芝加哥舉行的另一期禪修營。

要自在地用這種方式擁抱，需要一點時間。如果在擁抱朋友時你覺得有點心虛，或許你想要拍拍他或她的背，以確定自己當下真實的存在；但其實你只要注意呼吸，就能真實存在於當下，同時你的朋友也在一瞬間變得完全真實，你們倆在當下那一刻真正地存在，那可能會是你一生最美妙的一刻！

假設你的女兒出現在你面前時，如果你心不在焉，想著過去，憂慮未來，或是被憤怒、恐懼所掌控，那麼雖然孩子站在你面前，對你來說她並不是真正存在的；她就像幽靈，你也一樣。如果你想真正跟孩子在一起，就必須回到當下這一刻。

當你注意呼吸，統合身心，你就再度讓自己變成一個真實的人；你一變得真實，你的女兒也會變得真實。這時她的存在就是一項奇蹟，只有在此時你才有可能真正與生命交會。如果你張開雙臂擁抱她，同時覺知地呼吸，你將會體悟到自己摯愛的人有多麼珍貴。這就是生命。

友誼的投資

就算我們在銀行裡有很多存款，也很容易受苦而死，所以在朋友身上投資，也就是結交知己，建立一個知心朋友的團體，這要有保障得多了，因為在面臨困境時，我們將有人可以投靠，有人可以依賴。

幸虧有其他人愛的支持，我們才能接觸到自己內在與周遭環境中，那些能重振人心、有療癒功能的元素。如果能有一群好友，我們就太幸運了。想創造這樣的好團體，我們必須先將自己轉化為團體中優良的一分子，才能幫助其他人也變成團體中的好成員；我們用這種方式建立自己的友誼網絡。

我們必須把朋友和社群視為一種投資，視之為最重要的資產，因為他們能在困境中安慰我們，幫助我們，也能跟我們共享喜悅與幸福。

懷抱孫兒是人生一大樂事

你們知道老年人要跟兒孫分開居住是很難過的，這是我不喜歡西方世界的一點。在我的祖國，老年人有權跟下一代同住，而講故事給小孩子聽的就是組父母。人上了年紀，皮膚溫度變低，皺紋遍布，讓他們抱著孫子、孫女溫暖而柔軟的身軀，那是一大樂事。

一個人上了年紀，他最深切的盼望是有孫子、孫女可抱。他日夜期盼，一聽到自己的女兒或媳婦懷孕時，他就高興得不得了。現在，老年人必須到安養院去住，整天與其他老年人為伴，兒孫每個星期只來短暫地探望一次，他們離開後老人家更難過。我們必須想辦法讓老年人和年輕人能再度共同生活，那會讓大家都非常快樂。

正念生活的社區

日常生活有喜悅，有快樂，這是一個優良社區的基礎。在梅村，兒童是眾人關注的焦點，每個成年人都有責任幫助小孩子快樂，因為我們都知道如果孩子快樂，大人也容易快樂。

在我小時候，社會中多為大家庭，父母、堂兄弟姊妹、表兄弟姊妹、叔叔、伯伯、姑姑、阿姨、祖父母跟孩子們住在一起，房子周圍都是樹，我們可以在樹上搭吊床，或在樹旁野餐。在那個年代，人們沒有我們今天面對的許多問題。現在我們是小家庭，只有爸爸、媽媽，還有一、兩個小孩。父母一有問題，整個家庭都受到影響，就算小孩躲到浴室裡也感受得到沉重的氣氛。他們可能帶著痛苦的種子成長，從來沒有真正快樂過。以前父母發生問題，小孩子可以躲到叔叔伯伯、姑姑阿姨，或其他親戚家，還有人可以仰賴，氣氛也沒那麼嚇人。

在正念生活的社區中，我們可以到「叔叔、伯伯、阿姨、堂表兄弟姊妹等」組成的聯絡網去拜訪，我想這樣的社區可能有助於取代過去的大家庭。我們每個人都需要對這樣的社區有歸屬感，在這個地方，每個地表的特徵、鐘聲，甚至建築物的設計，都是為了提醒我們回歸覺知；在我的想像中，這個社區有美麗的禪修中心定期舉辦靜修，不管是個人或家庭都可以到那兒學習及鍛鍊正念生活的藝術。

住在那兒的人應該散發出平靜、清新的氣息，那是在正念中生活的結果；那些人將會像美麗的樹木一樣，讓訪客想來坐在樹蔭下。即使無法親自到訪，這些訪客只要想到大樹，真誠微笑，就會覺得自己變得安詳、快樂。

我們也可以把自己的家庭或家族，轉變成一個鍛鍊和諧與正念的社區。我們可以一起練習注意呼吸，保持微笑，一起禪坐，或在正念中一起喝茶。如果社區有鐘，那也會是社區的一部分，因為鐘聲可以幫助我們練習；如果有蒲團，那也是社區的一部分；其他有助於我們練習正念的許多事物，都是社區的一部分，例如我們呼吸的空氣。要是住處靠近公園或河岸，我們可以在那裡享受步行禪。
以上所提的這一切努力，都可以幫助我們從自家開始建立一個正念的社區。我們偶爾可以邀請朋友加入，畢竟跟一個團體共同練習正念，要容易得多了。

正念必須入世

當我人在越南時，國內有許多村莊遭到轟炸，我和僧團中的師兄弟姊妹必須決定該怎麼做：我們應該繼續在僧院中修行？還是該走出禪堂，去幫助在炮火中飽受苦難的人們？

在審慎的考慮之後，我們決定兩者兼顧——走出去幫助眾人，在助人的同時保持正念。我們將這樣的行動稱為「入世佛教」。正念必須入世；一旦有見地，就會有行動，否則看見又有何用？

我們必須察覺到這個世間真正的問題，然後在正念的引導下，我們會知道什麼該做、什麼不該做，以協助問題的解決。如果我們保持對自己呼吸的覺知，並且繼續練習微笑，即使局勢艱困，許多人、動物、植物都會從我們的行為處事獲益。

每當你的腳碰觸我們的大地之母時，你是否正在幫她按摩呢？你此刻播下的是和平喜悅的種子嗎？我努力在跨出每一步時都確實這麼做，我也知道我們的大地之母對此最為感激。和平，就在我們跨出的每一步。讓我們繼續這趟旅程，好嗎？

第三部
步步安樂行

相互依存

如果你是個詩人，就會清楚的看見這張紙上有一朵雲在飄動，因為無雲則無雨，無雨則樹木無法生長，若無樹，則無法造紙；這張紙的存在，雲是不可或缺的。要是此處無雲，也不會有這張紙，因此我們說雲和紙「相互依存」。字典中尚未收錄「相互依存（interbeing）」這個詞條，但若我們結合字首「相互（inter-）」與動詞「存在（to be）」，就造出一個新的動詞：「相互依存」。

更深入地觀察這張紙，我們可以在其中看見陽光，因為沒有陽光，則森林無法生長——事實上，缺乏陽光，則萬物無以生長。所以，我們知道陽光也存在於這張紙中；陽光和紙「相互依存」。如果我們繼續觀看，就可以看見砍伐樹木並且運送林木到紙廠造紙的伐木工。我們也看到小麥；我們知道要是沒有一天三餐的麵包，伐木工無法生存，因此製造麵包的小麥也同樣存在於這張紙中。紙中也有伐木工的父母。

當我們以這種方式看待這張紙時，就會明白：沒有上述這些事物，這張紙無法存在。

若更進一步觀察，我們也可以在這張紙裡看到自己；這是顯而易見的，因為當我們看著這張紙的時候，它就是我們感官知覺的一部分。你的心在這張紙上，我的心也一樣。因此，我們無法指出有哪一樣事物不在此處；一切都在當前這張紙上——時間、空間、大地、雨水、土壤中的礦物質、陽光、雲、河流、溫度——萬物都與這張紙共存，所以我認為「相互依存」這個詞應該列入字典中。「存在」即是相互依存，我們無法單憑一己之力而「存在」，必須與其他一切事物相互依存。這張紙存在，那是因為其他一切事物存在的緣故。

假設我們試圖讓這些構成要素之一回歸其源頭，像是讓陽光回到太陽所在之處，你認為這張紙還有可能存在嗎？不可能，沒有陽光，沒有什麼能夠存在。同樣地，如果讓伐木工回到母親的肚子裡，那麼我們也不會有這張紙了。事實上，這張紙只是由「紙張以外的」的要素構成，將這些要素其中之一送回其本源處，則根本就不會有紙的存在；沒有心、伐木工、陽光等「紙張以外」的要素，就沒有紙張。雖然只是薄紙一張，其中卻蘊含宇宙萬物。

鮮花與垃圾

骯髒或潔淨、污穢或清淨——這些都是我們心中形成的概念。一朵嬌豔的玫瑰剛被從枝頭剪下插入瓶中，它純淨、清新、氣味芬芳；一只垃圾桶正好相反，它不僅散發惡臭，也塞滿腐敗的東西。

但這只是我們所見的表象，如果更深入地觀察，我們將看到，只要再過五、六天，這朵玫瑰也會變成垃圾。不需要等到五天，我們就能明瞭這種必然的發展；如果我們光是看著這朵玫瑰，深入地看著它的話，現在就可以預見它的未來。而如果深入觀察垃圾桶，我們看見的是，再過幾個月，桶中的垃圾會轉變為各種可愛的蔬菜，或甚至一朵玫瑰。

如果你是有機園丁，看著一朵玫瑰時，你會看到垃圾；看著垃圾時，你會看到玫瑰。玫瑰與垃圾相互依存：沒有玫瑰，就沒有垃圾；沒有垃圾，就沒有玫瑰。玫瑰與垃圾相互倚賴，彼此平等，垃圾和玫瑰一樣珍貴。

如果我們深入觀察污穢與潔淨的概念，就會回歸到相互依存的觀念。

馬尼拉市有許多年輕的妓女，有些年僅十四、五歲。她們非常不快樂，其實她們自己並不想出賣肉體，但因家境貧困，所以這些年輕女孩到大城市裡找工作謀生，例如當街頭小販賺錢養家。當然，這種情形不只出現在馬尼拉，越南的胡志明市、紐約市、巴黎也一樣，一個弱女子到了大城市裡不過短短幾個星期，就可能被精明的人勸誘而為他工作，賺取的金錢可能百倍於街頭小販的收入。

因為她年紀輕，不懂世事，所以就接受了這樣的工作，成為妓女。從此以後，她就一直背負著骯髒不淨的感覺，這讓她非常痛苦。每當她看見出身良好的年輕女孩衣著光鮮亮麗，她心中就油然升起一種骯髒齷齪的感覺，這種感覺成了她的地獄。

但是如果她能深入觀察自己，也觀察整個情況，她就會明白自己之所以這樣活著，是源自於他人那樣活著。

出身好家庭的「好女孩」有什麼可驕傲的呢？因為「好家庭」的生活方式就是如此，所以妓女必須過著妓女的生活。我們之中沒有任何一個人的雙手是乾淨的，也沒有任何一個人敢說那不是我們的責任。

馬尼拉街頭的那個女孩會淪為妓女，也因為我們是這樣的人。當我們深入觀察那個年輕妓女的生活，就會看見「除了妓女以外」所有人的生活；而深入觀察除了妓女以外的所有人，以及我們自己的生活方式，我們就會看見那個妓女。每件事物都促成其他事物的產生。

讓我們來探討富裕與貧困。富裕的社會和貧困的社會相互依存；一個社會的富裕來自另一個社會的貧困。「此生故彼生，此有故彼有。」富裕的組成要素是「除了富裕以外」的事物，貧困的組成要素則是「除了貧困以外」的事物。那跟之前所談的一張紙的情形沒有兩樣。因此，我們要小心，不要將自己囚禁在概念的牢籠裡。

每件事物包含了其他一切事物，這就是事實的真相；我們無法獨立存在，只能相互依存，因此我們對周遭發生的一切都有責任。

唯有藉著相互依存的眼光看待事物，馬尼拉街頭那個不幸的女孩才能夠解脫苦難，也唯有在這樣的情況下，她才會瞭解自己背負著整個世界的重擔。我們還能給她什麼呢？當我們深入檢視自我時，我們看到了她，分擔她的苦楚，也分擔全世界的苦楚，這時我們才真正開始給予幫助。

為和平奮鬥

假設地球是你的身體，你就能感受到許多區域正在受苦受難。有這麼多地區遭到戰爭、政治經濟的壓迫、饑荒、污染等的蹂躪；每一天都有孩童因為營養不良而失明，他們無助地伸出雙手在垃圾堆裡搜尋少得可憐的食物；有成年人因為試圖反對暴力而被捕下獄，緩慢地在垂死邊緣掙扎；河川也瀕臨死亡，空氣逐漸變得越來越難呼吸。雖然美蘇兩大強權慢慢變得略為友善，他們仍然擁有足夠的核子武器，可以將地球摧毀好幾十次。

許多人察覺到這個世界所遭受的苦難，心中充滿悲憫。他們知道應該採取哪些行動，所以投入政治、社會、環保等工作，努力改變現狀。但如果缺乏足夠的力量用以維持終身的行動，那麼熱心投入一段時間之後，他們可能就會心灰意冷了。

真正的力量不在權勢、財富或武器，而在內心深處的平靜。

如果在日常生活的每一刻練習正念，我們就能培養出自己內在的寧靜；禪修造成心智清明、決心與耐心，有了這些成果，我們就能維持終身行動的力量，真正成為創造和平的利器。

我曾經在各種宗教、文化背景的人身上看到這種和平與寧靜，他們終其一生盡心盡力保護弱小，為社會公義奮戰以縮短貧富之間的差距，終止武力競賽，對抗差別待遇，並且在世界各地灌溉慈愛與相互瞭解的樹苗。

不二

當我們想瞭解一件事物時，不能只站在外面觀察，我們必得深入其中，與它融合，以便能真正瞭解它。如果想要瞭解一個人，我們必須體會他的種種感受，與他同甘共苦。

英文的"comprehend"（瞭解）這個字是由cum與prehendere這兩個拉丁文詞根組成的，前者表示「連同」，後者則是「掌握、取得」之意，所以瞭解一件事物意指掌握它，並且與它合而為一。要瞭解事物，除此之外別無他法。在佛教中，我們將這種瞭解稱為「不二」，也就是非二元對立。

十五年前，我幫助一個專為越戰孤兒設立的委員會。社工從越南寄出申請函，那是一張紙，紙張的一角貼著一小張孩童的照片，申請函還說明該名孤兒的姓名、年齡、現況。我的工作是將申請函從越南文翻譯為法文，以便找到贊助者，好讓這個孩子有食物可吃，有書可讀，也可以被安排到他的伯伯、叔叔、舅舅、姑姑、阿姨或祖父母家收養，然後法國的委員會就可以把錢寄到收養孤兒的親戚家中，幫忙撫養這個孩子。

我每天幫忙翻譯大約三十封申請函，我翻譯的方式是先看著孩子的照片。我沒有閱讀申請函的內容，只是好好地看著孩子的照片，通常只要三、四十秒鐘我就與那個孩子合而為一。接著，我拿起筆，將申請函翻譯為法文，寫在另一張紙上。後來我瞭解到，翻譯申請函的不是我，而是那個孩子和我；合而為一的我們共同翻譯了那份申請函。看著他或她的臉，我的靈感源源不絕，我變成那個孩子，那個孩子也變成我，我們一起翻譯。

那是很自然的，你無須花很多時間禪修就能夠做到，只要注視著，讓自己自在，然後你就消融於那個孩子之中，而那個孩子也消融在你之中。

撫平戰爭的傷痛

但願當年美國對於越南有不二的眼光，那麼我們兩國就不會遭受這麼嚴重的摧殘。越戰持續對兩國人民造成傷害，如果我們有足夠的覺察力，就還能從那場戰爭中汲取教訓。

去年，我們舉辦了一次殊勝的禪修，來參與的是在美國的越南老兵。禪修的過程很辛苦，因為我們很多人無法釋放自己的痛苦。其中有位先生告訴我，在越南一場戰役中，一天之內他就痛失了四百一十七名官兵；四百一十七人死於一役！超過十五年來，他一直必須帶著這個傷痛度日。另外一個人告訴我，由於憤怒與仇恨，他在某個村莊殺了全村的孩子，自此以後，他心中再也沒有平靜過。從那一刻起，他一直無法單獨跟孩童同處一室。有各式各樣的苦難存在，讓我們無法接觸到沒有苦難的世界。

我們必須練習，幫助彼此接觸溝通。有個士兵告訴我，這次禪修讓他在人群中能保有安全感，這是十五年來的第一次。他有十五年無法輕易地吞下固體食物，只能吃果汁，或吃某些水果。他完全自我封閉，無法與人溝通。但是經過三、四天的練習之後，他開始敞開心胸，與人交談。

要幫助這種人再度接觸事物，你必須給他大量的關愛。在禪修中，我們練習注意呼吸與微笑，彼此鼓勵回歸自己心中的鮮花、大樹，以及庇護我們的藍天。

我們安靜地吃早餐，練習用我童年吃餅乾的方式吃早餐。我們也用同樣的方式從事其他活動：念念分明地邁開每一步，以便碰觸大地；念念分明地呼吸，以便接觸空氣；深入注視眼前的茶水，以便能真正與茶相會。我們一起坐著，一起呼吸，一起行走，試圖從彼此的越南經驗中學習。這些老兵有些心得，可以告訴他們的國家如何處理未來可能發生其他問題，也就是那些看來和越戰沒有兩樣的問題。從我們的苦難中，我們應該學到一些教訓。

我們需要相互依存的眼光：我們彼此相屬，無法將現實切成碎片。「此處」的幸福就是「彼處」的幸福，所以我們需要共同合作。每一邊都是「我們這一邊」，沒有哪一邊是邪惡的。老兵的經驗讓他們成為蠟燭頂端的火光，照亮了戰爭的根源，也照亮了通往寧靜之路。

太陽是我心

我們知道如果心臟停止跳動，生命之流也會隨之停止，所以我們非常珍惜自己的心臟。然而，我們很少花時間注意到，身外的其他事物對我們的生存也很重要。

看看我們稱之為「太陽」的無限光明，如果太陽不再照耀大地，我們的生命之流也會停止，所以太陽是我們的第二顆心臟，我們體外的心臟。這顆廣袤無垠的「心」帶給大地一切生命溫暖，讓萬物得以生存。多虧有太陽，植物才能生存，它們的葉片吸取太陽的能量，加上空氣中的二氧化碳，製造食物以供應樹木、花，還有浮游生物；多虧有植物，我們跟其他動物才能生存。所有的人、動物、植物都直接或間接地消耗太陽的能量，我們無法鉅細靡遺地描述體外這顆大心——太陽——的所有效能。

我們的身體不僅限於皮膚所包覆的範圍內；它遠比我們的臭皮囊廣大，

甚至包含了環繞地球表面的大氣層，因為萬一大氣層消失，即使只有一瞬間，我們的生命也會終止。從海底一顆小石頭，到數百萬光年之遙的銀河的運行，宇宙間沒有任何一個現象不與我們息息相關。

美國著名詩人惠特曼（Walt Whitman）曾說：「我相信一片草葉並不亞於星辰的運行。」這些話可不是深奧的哲學，而是出自他心靈深處的肺腑之言。他也說：「我很廣大，包羅萬象。」[1]

譯註：

[1] 這兩段引言皆出自惠特曼的著名詩集《草葉集》中的〈自我之歌〉。

深入觀察

我們必須深入觀察事物，才能看清真相。當一個人在河中游泳，享受清澈的河水時，他或她應該也能夠與河流合而為一。

在我初次到美國參訪的某一天，我和幾位好友在波士頓大學共進午餐，我俯瞰查爾斯河（Charles River）。當時我離開家鄉已經有很長一段時間了，當我看到查爾斯河時，我覺得這條河流非常美麗，於是離開在座的朋友，往下走到河邊洗臉，並且把雙腳泡在河中，就像我在家鄉所做的一樣。當我回座時，有位教授說：「你剛剛那樣做很危險。你有沒有用河水漱口？」我說有，接著他說：「你應該去找醫生幫你打一針。」

我嚇了一跳，我不知道那個地方的河流污染程度有這麼嚴重，有些河流甚至有「死河」之稱。我家鄉的河流有時會變得相當渾濁，但不是這種污染。曾經有人告訴我，德國的萊因河中有太多化學物，以致可以在河中沖洗相片。如果想繼續享有我們的河川，無論是在河中悠游，沿著河邊散步，或甚至飲用河水，我們必須採用河流與我不二的觀點，必須以禪修觀想自己就是那條河流，如此我們才能在自己心中體會河流的恐懼與願望。對於山川、空氣、各種動物，還有其他人，如果我們不能從它們各自的觀點來感受，河川將會死亡，我們也會失去平靜的契機。

如果你是個登山者，或喜歡鄉間、綠色森林的人，你必然知道森林是我們體外的肺臟，就像太陽是我們體外的心臟一樣。然而，我們的行為模式卻讓兩百萬平方英里的林地遭到酸雨的侵害，我們也破壞了調控陽光直射地球的臭氧層。我們囚禁在個人的小我之中，只考慮到讓這個小我舒適的環境，卻破壞了大我。我們應該回歸真正的自我，也就是說我們應該融入河流，融入森林，融入太陽，也融入臭氧層。我們必須這樣做，才能瞭解，未來才有希望。

正念分明的生活藝術

大自然是我們的母親。因為我們的生活與大地之母斷絕，所以我們生病了。我們有些人住在盒子一般的公寓中，遠離地面，周遭只有水泥、金屬，還有其他類似的堅硬物質。我們的手指沒有機會碰觸土壤，我們不再種植萵苣了。

因為距離大地之母如此遙遠，我們失去了健康。因此，我們偶爾必須走出戶外，走入大自然，這非常重要。我們自己和孩子都應該與大地之母重聚。我們在許多城市裡都看不到綠樹了——綠色完全從我們的視野中消失。

有一天，我想像一座城市，其中只剩一棵樹，這棵樹依然美麗，但是孤立於市中心，四周被建築物團團包圍。城裡很多人都病倒了，大部分的醫生卻束手無策。

然而，有個神醫知道病因，於是他給每個病人開了以下的藥方：「每天搭公車到市中心去看那棵樹。當你接近那棵樹的時候，練習注意呼吸。到達目的地以後，花十五分鐘的時間擁抱那棵樹，注意吸氣、呼氣，同時眼睛看著樹的蒼翠，鼻子聞著樹皮散發的芬芳。如果你依照我的處方做，經過幾個星期，你就會覺得好多了。」

城裡的人開始覺得健康有進步，但過不了多久，有太多人跑到這棵樹下，於是等待抱樹的人潮所排列的隊伍有好幾英里。

你知道，我們這個時代的人沒有多少耐性，所以對他們來講，站三、四個小時等著擁抱一棵樹實在不堪負荷，所以他們反彈了。他們動員組織示威，目的是要制定新的法規，限制每個人只能有五分鐘時間抱樹，這當然減少了治療的時間。不久，時間又被縮減為一分鐘，於是人們喪失了被大地之母治癒的機會。

如果我們沒有正念，很快就會陷入同樣的困境。如果想要拯救大地之母，也拯救我們自己和孩子，我們就得練習察覺自己一切所作所為。舉個例子，當我們仔細看著垃圾桶時，可以看到萵苣、小黃瓜、番茄和花朵；當我們把香蕉皮丟進垃圾桶時，要清楚知道自己丟出去的是香蕉皮，也知道它很快地就會變成一朵鮮花或一顆蔬菜。這正是禪修。

將塑膠袋丟進垃圾桶時，我們很清楚塑膠袋跟香蕉皮不一樣，它要花很長的時間才會轉變成鮮花。「當我把一個塑膠袋丟進垃圾桶時，我知道自己正把一個塑膠袋丟進垃圾桶。」光是這樣的覺察就能幫助我們保護地球，創造和平，並且守護當下此刻的生命，也守護未來的生命。如果我們有覺察力，自然會努力少用塑膠袋。這是一種和平的行動，一種基本的和平行動。

將一片塑膠的免洗尿布丟進垃圾桶時，我們知道這片尿布需要更長一段時間才能變為鮮花——可能要四百年，或甚至更久。我們知道使用這種尿布與和平背道而馳，因此，我們尋求其他方式來照顧小嬰兒。如果我們練習注意呼吸，深觀自己的身體、感受、內心，還有心智運作的對象，那麼我們就在當下實踐了平靜。這就是正念分明的生活。

核廢料是最糟糕的垃圾，它要耗費二十五萬年才能轉化為鮮花。美國五十州中已經有四十個州遭到核廢料污染。我們正在讓地球變成一個不適合人居的地方，不僅是我們自己，還有世世代代的子孫都無法在此生活。如果我們正念分明地度過當下的每一分每一秒，就會知道有哪些事情該做，有哪些事情不該做，也就會以和平為目標而努力。

培養覺察力

當我們坐下來用餐，看著餐盤裡盛滿美味可口的食物時，可以培養自己的覺察力，體會遭受飢餓之苦的人深切的痛楚。每一天，有四萬名孩童死於飢餓和營養不良。每一天！每次聽到這個數字，都讓我們震驚不已。深入地看著我們的餐盤，我們可以「看見」大地之母，「看見」農夫，也「看見」飢餓與營養不良的悲劇。

我們住在北美以及歐洲的人，都習慣食用從第三世界進口的穀物和其他食物，例如來自南美哥倫比亞的咖啡、來自西非迦納的巧克力，或來自泰國的香米。我們必須知道，除了有錢人家的小孩以外，這些國家的孩童從來沒有見過這些精良的產品，他們吃的是比較粗劣的食物，上等產物則留下來以供出口，藉此賺取外匯。甚至有些父母因為養不起自己的兒女，只好把小孩賣給衣食無虞的家庭去幫傭。

在吃每頓飯前，我們可以正念分明地合掌，想想那些沒有足夠東西可吃的孩童。這樣做有助於保持正念，讓我們記得自己有多幸運，也許有一天我們會找到方法，改變世界上不公平的制度。

許多難民家庭在每餐飯前都會有個小孩端起飯碗，說出類似下面的這段話：「今天在餐桌上有很多好吃的食物，我很感激自己能在這裡和家人一起享用這些美味的菜餚。我知道有很多小朋友沒有這麼幸運，他們沒東西吃，正在挨餓。」身為難民，這個小孩知道，他即將享用的米飯，也就是泰國種植的精米，那是大部分泰國小孩從沒看過的。

我們很難對「過度開發」國家的兒童解釋：這個世界上不是所有的小孩，都有這麼精美、營養的食物可吃。但是，光是察覺到這個事實，就可以幫助我們克服許多自己心理上的傷痛，而最後我們的觀想，能讓我們看出該如何協助那些急需救助的人。

給國會議員的情書

在和平運動中有許多憤怒、挫敗與誤解的存在。參與和平運動的人也許可以寫出慷慨激昂的抗議信函，卻不擅長寫情書。我們必須學習寫信，讓國會議員和總統想要細讀我們的信，而不是看也不看就把它丟棄。我們說話的方式、擁有的理解，還有使用的語言，都不能讓對方掉頭不顧。就算總統也是人，就像我們任何人一樣。

和平運動能不能用慈言愛語暢談，顯示出和平之道呢？我想，這取決於參與運動者是否能夠「回歸和平」，因為如果自己不和平，就絲毫無法促進和平。如果我們自己無法微笑，也沒有能力促使他人微笑；如果我們自己沒有平靜，也不能對和平運動有所貢獻。

我希望我們可以提供和平運動一個新的面向。通常和平運動充滿了憤怒與仇恨，並不符合我們期待這種運動所應該達成的任務；我們需要新方法來達成平靜，創造和平。因此，重要的是我們練習保持正念，培養深觀、洞察與理解的能力。

如果我們能在和平運動中運用「不二」的觀點來看待事物，那就太棒了，單憑這一點就會降低仇恨與暴戾。和平運動的第一要義是回歸平靜。我們彼此依賴，我們的孩子也依賴著我們才有未來。

公民權

身為公民，我們必須負起相當大的責任，我們的日常生活、飲食內容與方式，都跟全世界的政治情勢有關，我們每天的所作所為都與和平有關。如果我們覺察自己的生活方式、消費方式、看待事物的方式，就會知道如何在活著的當下這一刻創造和平。我們總認為政府有隨心所欲制定任何政策的自由，其實這種自由取決於我們的日常生活，如果我們促使政府改變政策，他們會照辦，但是現在時機未到。

或許你以為要是由你取得主政的權力，就能為所欲為，但事實上並非如此。如果你當上總統，你的所作所為可能和現任總統相差無幾，可能稍微改善，也可能略遜一籌，這是你將面對的嚴酷事實。

禪修就是深入觀察事物，看清改變自我與轉化環境之道。轉化環境就是轉化自己的心，轉化自心也就是轉化環境，因為環境不異自心，自心即是環境。覺醒很重要；對炸彈的本質、不公不義的本質、還有對我們自身存在的本質，保持覺醒都是一樣重要的。

當我們開始更負責任地生活時，就必須要求政治領袖朝相同的方向前進。我們必須促使他們停止污染我們的環境與心識，協助他們任命認同和平思考模式的人擔任國策顧問，如此一來，在朝主政者就能向這些顧問諮詢建議，尋求支持。要支持政治領袖，我們自己可能需要某種程度的覺醒，尤其在選戰期間，這時我們有機會告訴他們很多重要的事，而不要以電視螢幕上的英俊外表作為選擇領袖的依據，日後才因為他們欠缺正念而感到失望。

我們的信念是政治領袖應該獲得修習正念者的幫助，也就是說，極度沉穩、平和，又能清楚洞察整個世界應有願景的人，應該協助政治領袖；如果我們寫文章或發表演說表達這樣的信念，就開始選出能幫助我們邁向和平的領導者了。法國政府已經朝這個方向努力了，因為有些生態學家與人道主義者被延請入閣，擔任部長，例如協助救援暹羅灣海上難民的伯納·庫施曼（Bernard Cushman）。法國政府的這種態度是一種好跡象。

心靈生態學

我們需要和諧，也需要和平。和平以重視生命為基礎，以尊重生命的精神為基礎。我們不僅要尊重人類的生命，也要尊重動物、植物、礦物的生命。岩石也可能有生命，可能被摧毀；地球也是如此。空氣污染與水污染損害了我們的健康，而這跟礦物遭到破壞有關。我們的農耕模式、垃圾處理法等，所有這一切都彼此關聯。

生態學應該是深層生態學，而且要兼具深度與廣度，因為我們的心識也遭到污染。舉例來說，對我們和自己的孩子來說，電視就是一種污染，它在孩童心中散布暴力與焦慮的種子，敗壞他們的心智，就像我們因為使用化學藥劑，砍伐樹木，污染水源，而破壞自己所處的環境一樣。我們需要保護心靈的生態環境，否則這種暴力和莽撞將會持續蔓延，影響生命中許多其他的領域。

戰爭的根源

一九六六年，我在美國呼籲終止越戰。有一次，正當我在發表演說時，有個年輕的美國和平運動實踐者站起來高喊：「你能做的最大貢獻是回到自己的祖國，打敗美國侵略者！你不應該待在這裡，你在這裡根本一點用處也沒有！」

這個年輕人及許多美國人都想要和平，但是他們所要的和平，是交戰的兩國中有一方戰敗，以洩他們心頭之憤。因為他們曾經呼籲停戰，卻徒勞無功，於是他們變得憤怒，到最後，他們只想要自己的國家戰敗，除此之外不接受任何解決方案。但是，我們飽受轟炸之苦的越南人必得更實際才行，我們希望和平，不在乎誰勝誰敗，只要炸彈不再從天而降。然而，有很多參與和平運動的人反對我們立即停戰的主張，似乎沒有人真正瞭解我們。

因此，當時我聽到那個美國青年大吼：「回去打敗美國入侵者！」我先深呼吸幾次，讓自己恢復平靜，然後才對他說：「先生！我覺得很多戰爭的根源似乎就在你們國家這裡，這是我為何要來到美國的原因。引發戰爭的根源之一，正是你們看待世界的方式。其實，交戰雙方都是錯誤政策的受害者，也就是相信暴力可以解決問題的政策讓彼此受苦。我不希望越南人死亡，但也不要美國士兵戰死。」

戰爭的根源埋藏在我們日常生活方式中——發展各種產業的方式，建立社會的方式，還有消費的方式。我們必須深入觀察整個情況，然後就能看清戰爭的根源。我們不能光是指責其中任何一方，支持一邊對抗另一邊的習性是我們必須要超越的。

在任何衝突中，我們需要的是能夠瞭解所有陣營中受苦難的人。例如，如果在南非有一些人能到敵對的一方去瞭解彼此的痛苦，相互溝通，那會對他們大有幫助。我們需要聯繫，需要溝通。

實踐非暴力的首要之務是要讓自己非暴力，然後當棘手的情況出現時，我們的反應就會對情況有助益。這對家庭問題和社會問題都一樣適用。

個人如片葉，莖幹共扶持

某年秋季的某一天，我在公園裡全心地觀想一片嬌小美麗的心形樹葉。這片近似紅色的小樹葉顫巍巍地掛在枝頭，眼看就要飄落了。我花了很長一段時間和它在一起，問了它幾個問題，結果發現這片小紅葉曾經是這棵樹的母親。通常我們以為樹是母親，樹葉是孩子，但是當我看著那片葉子時，發現它也是那棵樹的母親之一。

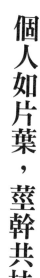

樹根吸取的汁液不過是水和礦物，無法供給整棵樹足夠的養分，所以樹木將這些汁液分送到樹葉，而樹葉就借助太陽與空氣，將粗澀的汁液轉化為營養的樹汁，再把樹汁傳輸回樹木，提供養分。因此，整棵樹的樹葉也都是這棵樹的母親。既然樹葉藉由莖幹與樹木相連結，它們彼此之間的連繫是顯而易見的。

我們和自己的母親之間已經沒有類似莖幹的連結物了，但是我們還在母親的子宮時，是有一條長長的「莖幹」——臍帶——我們所需的氧氣與營養就透過這條臍帶傳送過來。但是我們一出生，臍帶就被剪斷，然後我們就有了離開母體獨立的錯覺。這種錯覺並不真實，因為我們有好長一段時間繼續依賴著母親；而且我們還有其他許多母親，地球就是其中之一。有許許多多的「莖幹」將我們和大地之母連結在一起，例如我們和天上的浮雲之間就有莖幹相連，因為如果沒有雲，我們就沒水可喝，而人體的組成成分中至少有百分之七十是水，所以連繫我們和雲之間的莖幹的確是存在的。我們和河川、森林、伐木工、農夫之間，也一樣有莖幹相繫。

其實，我們和宇宙萬物之間有著成千上萬條莖幹的連結，這些莖幹維持我們的生命，讓我們能夠存在。你是否看到你我之間的連繫呢？如果你不在那裡，我就不會在這裡；這是確實無疑的。如果你還無法看清這一點，請你更深入地觀察，我相信你終究會看見。

我還問那片小紅葉，秋天到了，其他樹葉紛紛掉落，它會不會因此而害怕？它告訴我：

「我不怕。我在整個春夏都是生機勃勃的，我努力工作幫忙提供養分給這棵樹，到現在我的大部分都在這棵樹裡面了。我並非侷限在這小小的葉片中，我也是這整棵樹，而當我回歸土壤，我會繼續滋養這棵樹。所以，我一點兒也不擔心。當我離開枝頭飄落在地時，我會向這棵樹揮揮手，告訴她：『我們很快就會重逢。』」

那天有風，過了一會兒，我看見那小紅葉從樹枝飄落到土地上，它一路翩然飛舞，因為它在飄落時看見自己已經是整棵樹的一部分了。它是如此快樂！我深深一鞠躬，知道自己從這片小樹葉學到了許多東西。

彼此相繫

有千百萬人熱愛運動。如果你喜歡看足球或棒球，可能會認同某支隊伍，為他們加油；你可能興高采烈地看球賽，也可能會失望；也許你偶爾會揮手頓足，希望有助於得分。如果你不站在任何一邊加油，就沒什麼樂趣可言了。兩國交戰時，我們也會選邊站，通常會站在受到威嚇的這一邊；和平運動就是由這種感覺產生的。我們憤怒吶喊，卻很少超越兩邊綜觀全局地看待衝突，就像母親看著自己的孩子打架一樣，她只想讓孩子們和解。

「為了彼此互鬥，同一隻母雞所生的小雞在臉上塗油彩。」這是一句著名的越南諺語。在臉上塗彩就是讓自己和兄弟姊妹變成陌生人，而我們只有對陌生人才會彼此射殺。有慈悲的眼光，才能真正為和解而努力；而徹見眾生相互依存、彼此融合的本質，才能有慈悲的眼光。

在我們的生命中，我們可能很幸運，能認識將愛擴及動植物的人。我們也可能會知道有人雖然自己生活安逸，卻瞭解飢荒、疾病、迫害正在摧毀數以千百萬的世人，同時設法援助受難者。他們無法將受到蹂躪踐踏的眾生拋在腦後，即使他們自己也身處種種生活壓力之中。

至少就某種程度而言，這些人已經瞭解生命相互依賴的本質了。他們知道，未開發中國家的生存與物質富裕科技進步國家的生存密不可分。貧窮與壓迫引發戰爭。在我們這個時代，每場戰爭都讓所有國家受到牽連，每個國家的命運都與其他所有國家的命運相繫。

同一隻母雞所生的小雞什麼時候才會抹去臉上的油彩，承認彼此是兄弟姊妹呢？要終止危難只有一個辦法：我們每個人卸下臉上的偽裝，彼此以手足相認，同時告訴彼此：「我是你兄弟。」「我是你姊妹。」「我們都是人，我們的生命是一體。」

和解

當我們傷害了人而被敵視時，該怎麼辦呢？受到傷害的也許是家人、社區的鄰居，或另一個國家的人。我想，你知道這個問題的答案：我們可以做的不多。首先，要騰出時間，告訴對方：「我很抱歉！我因為無知、笨拙、沒有正念，所以傷害了你。我會盡最大的努力來改變自己。我不敢再對你多說些什麼了。」有時我們無意傷人，但是因為缺乏正念或不夠有技巧，而造成了傷害。在日常生活中保持正念很重要，不要出口傷人。

其次該做的事是努力發揮自己最好的一面——鮮花那一面——以便自我轉化。唯有如此，你才能證明剛剛自己所講的話。當你變得清新、可愛時，其他人很快就會發現，那麼，一有機會接近你曾經傷害過的人，你就會像一朵鮮花一樣出現在他或她面前，對方也會立刻注意到你的改變。你什麼話也不必說，只要看到你這個樣子，他或她就會接受你，原諒你。這就叫做「用你的生命來表達，不是光靠嘴巴說說而已」。

當你開始看到敵人正在受苦，那就是智慧的開啟；當你看到自己內心希望對方不再受苦，那就是真愛的象徵。但是，要小心！有時候你的愛可能沒有自己想像中那麼堅定。

要測出你實際上有多少愛的力量，你要試著去傾聽對方說話，跟他或她交談，你馬上可以發覺自己的慈悲是真是假。你需要對方才能做這種測試；如果你只針對某種抽象的原則來禪修，例如瞭解、愛，那可能只是你的想像而已，不是真正的瞭解或愛。

和解的意思不是虛偽、冷酷地簽訂和約，和解是反對任何形式的野心，不偏袒任何一方。我們大多數人在每場會戰或衝突中都會選擇支持某一方，我們分辨對錯的基礎，建立在偏頗的證據或謠傳上。

人們需要義憤填膺才能採取行動，但是即使是符合正義公理、合法的憤慨仍然不夠。我們這個世界不缺願意獻身行動的人，我們需要的人必須能付出關愛，不偏袒，如此才能接納事實的全貌。

我們必須繼續練習正念與和解，直到我們將烏干達或衣索比亞的孩子那瘦得只剩皮包骨的身軀，視為自己的身體；直到我們對於一切物種生理上的飢餓與疼痛感同身受，然後我們才能實踐無分別，付出真愛，並且以慈悲的眼光看待一切眾生，採取實際的行動以幫助眾生減輕苦難。

請以種種真實之名呼喚我

梅村，是我在法國的住處。我們在那兒接到來自新加坡、馬來西亞、印尼、泰國、菲律賓等地的難民營的信件，每個星期有好幾百封。閱讀這些信真令人心痛，但是我們還是必須讀信，必須保持聯繫。我們盡全力提供援助，但是他們的苦難太沉重，有時讓我們覺得沮喪。據說有一半的海上難民在汪洋大海中遇難，只剩一半的人到達東南亞海岸，而即使如此他們也不見得安全。

海上難民中有很多少女被海盜強暴，即使聯合國和許多國家都試圖協助泰國政府遏止海盜的暴行，海盜依然持續讓難民蒙受極大的苦難。有一天，我們接到一封信，信中說有一艘小船上的少女，年紀才十二歲，她遭到一名泰國海盜強暴，事後跳海自盡。

你第一次聽到這種事會很氣那個海盜，你很自然地會站在少女那一邊。

可是當你深入觀察時，將會對這件事有不同的看法。如果你站在少女那一邊，事情很好辦，只要拿把槍射殺那個海盜就是了。但是，我們不能這麼做。我在禪修中看到，如果我和那名海盜出生在同一個村子，在同樣的環境中被撫養長大，我很可能也會變成海盜；我還看到暹羅灣沿岸有很多嬰兒出生，每天有成千上百個，如果我們從事教育的人、社會工作者、政治人物，還有其他人，不設法改善這種情況，再過二十五年，其中有些嬰兒就會變成海盜，這是必然的。如果你我今天出生在這些漁村，二十五年後我們都可能變成海盜。你拿槍射殺那名海盜，也就是射殺我們所有人，因為每個人或多或少都得為這種現況負責。

經過長時間的禪修後，我寫下一首詩。詩中有三個人：十二歲的少女、海盜，還有我。我們能不能彼此對望，並且在彼此身上認出自己？這首詩題名為〈請以種種真實之名呼喚我〉，因為我的名字不計其數。當我聽到其中任何一個名字被點到時，我就得回答：「有！」

別說明日我將離去，
因為今天我依舊前來。

請深入觀察：我分分秒秒都前來，
作春天枝頭上的一朵蓓蕾，
作一隻羽翼未豐的雛鳥，
在新巢中學習引吭高唱，
作花蕊中的一條毛毛蟲，
作埋身岩壁的一顆寶石。

我依舊前來，為了要歡笑，為了要哭泣，
為了要害怕，為了要期望。
我心臟的律動
就是一切眾生的生與死。

我是河面上蛻變的蜉蝣，
我也是在大地春回時前來掠食蜉蝣的鳥。

我是悠游於清澈池塘的青蛙，
我也是悄悄潛近吞食青蛙的草蛇。

我是烏干達的小孩，
全身只剩皮包骨，雙腿細如竹竿；
我也是軍火販子，
出售致命武器給烏干達。

我是小船上那個十二歲的難民少女，
被一名海盜強暴後，跳海自盡；

我也是那名海盜，
我的心還被矇蔽，無法愛人——。

我是最高決策當局的一員，大權在握；
我也是必須償還人民「血債」的人，
在勞改營裡緩慢地死去。

我的喜悅像春天——
如此溫暖，讓各行各業百花盛開；
我的痛苦如淚河——
如此氾濫，讓四大海滿溢。

請以種種真實之名呼喚我，
我才能同時聽見我所有的哭泣與歡笑，

我才能看到我的喜悅與痛苦是一體。

請以種種真實之名呼喚我，
我才能覺醒，
也才能讓我的心門敞開，
那正是慈悲之門。

苦難助長悲心

過去三十年來，我們一直在越南實踐「入世佛教」。越戰期間，我們不能只坐在禪堂裡；我們必須到處修習正念，尤其在苦難發生最嚴重的地方。

我們在生活沒有多大意義或用處時所經歷的一些痛苦，可以因為接觸戰時遭遇的那種苦難而獲得治癒。面對我們在戰爭期間面臨的那種艱困，你會明白，對許多受苦受難的人來說，你可以讓他們感受到源源不絕的慈悲，讓他們獲得極大的幫助。

在那樣的水深火熱中，你從內心深處感受到某種解脫與喜悅，因為你知道自己能讓慈悲發揮作用。當你瞭解這種強烈的痛苦，並且在那樣的情況中展露慈悲心，此時你會心生喜悅，就算日子再辛苦也一樣。

去年冬天，我和幾個朋友去參訪香港的難民營，我們親眼目睹許多苦難。那兒有年僅一、兩歲的「海上難民」，因為被列為非法移民，面臨即將被遣返的命運，然而在逃難途中，他們早已失去雙親。看到那樣的苦難時，你會明白你歐美的朋友正經歷的苦難還不算很嚴重。

每次有過那樣的接觸後再回法國時，我們看到的巴黎都不是很真實。巴黎人的生活方式和世界上其他地區受苦受難的現實，有如此的天壤之別。我不禁要問：有那樣悲慘的情況存在時，這兒的人怎麼能這樣過日子？可是如果你待在巴黎十年不接觸世界各地的現況，就會對這種生活方式習以為常。

禪觀是一種接觸點；有時你不必前往飽受苦難的地方，只要坐在蒲團上，你就看得見一切。你可以如身歷其境般地覺知此刻世界上正在發生的事情；有了這樣的覺知，自然會產生慈悲與同理心，雖然你還在自己的國家裡，還是可以從事救濟工作。

愛的實踐

這一路上我們並肩走來，我提出了一些練習，幫助我們對自己內在與切身的外在環境保持正念。此刻，當我們走遍更廣大的世界時，另外有一些指導方針可以對我們有幫助，同時保護我們。我們團體中有些成員一向實踐以下的原則，我認為當你要決定如何在當前這個世界生活時，你可能也會發現這些原則很有用。我們將這些原則稱為「相互依存社區」的十四條守則：

1. 不盲目崇拜或受制於任何教義、理論或意識形態；一切思想體系都是指引的手段，不是絕對的真理。
2. 不要認為你目前擁有的知識是不變的、絕對的真理。避免狹隘的心態，受限於現在的觀點；要學習、鍛鍊不執著任何觀點，才能敞開心胸，接受別人的見解。真理在生活中尋得，而不光是在概念知識裡。

要終身樂於學習，時時刻刻觀察自己內在與外在世界的真實。

3. 不以任何手段強迫別人——包括小孩在內——接受你的觀點，無論是藉由權威、脅迫、金錢、宣傳，或甚至教育。然而，要透過慈悲的對談，幫助他人捨棄盲目的信仰與狹隘的心態。

4. 不要逃避接觸苦難，或是對苦難視而不見。不可以對世間生命中苦難的存在渾然不覺；要千方百計設法陪同那些受苦受難的人，包括個人接觸、拜訪，以及影音媒介。藉由這些方法，讓自己與其他人覺醒，瞭解世界上苦難的現實。

5. 當數以千百萬計的人在挨餓時，不要積聚財富。不要把名聲、利益、財富或感官享受，當作你一生的目標。生活要儉樸，把時間、精力用來陪伴貧困的人，並且與他們共享物質上的資源。

6. 不要心懷憤怒或仇恨，要學習在這些情緒尚未在意識萌芽時，就能加以洞察、轉化。憤怒或仇恨一出現，馬上將注意力轉向自己的呼吸，以瞭解自己憤怒或仇恨的本質，也瞭解引起這些情緒的人的本質。

7. 不要心思散亂迷失自己，也不要迷失在周遭環境中。練習注意呼吸，回歸當下此刻所發生的一切。接觸一切奇妙、清新、能療傷止痛的事物，無論在你內心或周圍環境。在自己的內心種下喜悅、平靜、瞭解的種子，以促進深層意識的轉化。

8. 不要說出會引起嫌隙、破壞團體的話；盡一切努力去調和及化解所有衝突，不論是多麼微小的衝突。

9. 不要為了個人利益或引人注意而說話不誠實，不要說出造成分裂與仇恨的話，不要散布自己也不知是真是假的消息，也不要批評或譴責你不確定的事。說話永遠都要誠實、有建設性，要有勇氣說出不公不義的事，即使這樣做可能會危害你自身的安全。

10. 不要利用宗教團體為個人圖利，也不要把自己的團體變成政黨。但是，一個宗教團體應該明確表達立場，反對壓迫、不公義，也應該奮力改變不良的情況，而不涉及黨派之間的衝突。

11. 謀生的職業不要危害人類及自然，也不要投資剝奪他人生存機會的公司。選擇的職業要有助於實現你慈悲的理想。

12. 不要殺生，也不要讓別人殺生。要盡可能設法保護生命，避免戰爭。

13. 不要占有屬於別人的東西，應尊重他人的財產，但要阻止人們從人類的苦難或其他眾生的痛苦中牟利致富。

14. 不要虐待自己的身體，要以尊重的態度善待它。不要認為自己的身體只是一種工具，要養精蓄銳以實踐真理之道。情慾的表達不能沒有愛與承諾，建立性關係時，要清楚知道將來可能引起的苦果。為了維護他人的幸福，要尊重他們的權利與承諾。要為這個世界帶來新生命，就要充分瞭解為人父母應負的責任。對於新生兒即將降臨的這個世界，也必須禪觀。

一條河流的故事

從前有一條美麗的河流，穿過山間，流經森林與草地。起初，當她從山頂奔流而下時，她是一道快樂的溪流，一道不斷跳躍、歡唱的山泉。那時她很年輕，但流到低地時，她減緩了速度。她想流到大海去。隨著年紀的增長，她學會優雅地在山林、綠野蜿蜒，讓自己看來儀態萬千。

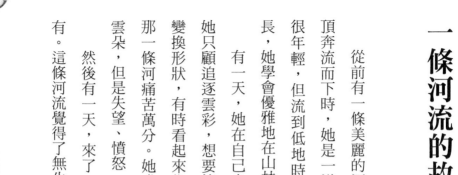

有一天，她在自己身上注意到雲，各種顏色、形狀的雲。有一段時間，她只顧追逐雲彩，想要擁有一朵屬於自己的雲。但是雲在天上飄遊，不斷地變換形狀，有時看起來像外套，有時像匹馬。因為雲朵本身無常的本質，讓那一條河痛苦萬分。她唯一的樂趣和喜悅，變成一而再再而三地追逐天邊的雲朵，但是失望、憤怒、怨恨成為她生活的全部。

然後有一天，來了一陣強風，吹散了天上所有的雲，整片天空什麼也沒有。這條河流覺得了無生趣，因為再也沒有雲可追逐了。她想死：「如果沒有雲，我為什麼要活下去呢？」然而，一條河要如何結束自己的生命呢？

當天晚上這條河第一次有機會回歸自我。在此之前，她有好長一段時間一直追求著外在的某件事物，以致看不見自己。那天晚上，她第一次有機會聽到自己的哭泣，那是河水衝擊兩岸發出的聲音。因為能夠傾聽自己的聲音，她發現了相當重要的一件事。

她體會到自己一直尋尋覓覓的東西早已在自己的身上：她發現，雲就是水，雲誕生於水，也將回歸於水，她也發現自己也是水。

隔天早晨，當太陽高掛天空時，她發覺一件美麗的事物：她第一次看到藍天。她以前從沒有注意到藍天，因為她只對雲有興趣，而漏看了雲朵的家——天空。雲無常，但天空是穩定的。她領悟到廣袤的天空從一開始就在她心中。這深刻的洞見帶給她安詳與快樂，當她看到廣大美妙的藍天時，知道自己再也不會失去平靜與穩定了。

那天下午，雲又出現了，但這次河流不想再擁有任何一朵雲。她能夠看見每一朵雲的美，也能歡迎每一朵雲的出現。當一朵雲飄過時，她會慈愛地跟他或她打招呼；這朵雲要離開了，她也會愉快而慈愛地跟他或她揮手道別。她知道所有的雲都等同於她自己，所以不必在雲和她自己之間做選擇；她和雲之間有著寧靜與和諧。

當天晚上，奇妙的事發生了。當她完全敞開心胸，面向夜空時，她接到的一輪滿月的影像——美麗、渾圓，就像她內在的一顆珠寶一樣。她從來不曾想像自己可以接受這麼美麗的影像。有一首中文詩很美，其中的大意是：「新月高掛在究竟的虛空，若眾生心河是自由的，月影將映現於每個人的心上。」

那就是此刻這條河的心；她在心中接受了那明月的影像，於是雲、水、月攜手共同練習步行禪，緩緩地走向大海。

世界上沒有什麼東西好追逐的，我們可以回歸自我，享受呼吸，享受微笑，享受自我，也享受我們美麗的環境。

邁向二十一世紀

現在「政策」這個詞經常被使用，似乎做每件事都要有一套政策。我聽說所謂的已開發國家正研擬一項垃圾處理政策，準備將自家的垃圾用大型駁船運往第三世界。

我想，我們需要一種「政策」，以便處理我們所受的苦難。我們不是要忽視它，而是需要設法運用自己遭受到的痛苦，為自己也為他人謀福利。二十世紀已有許多苦難——兩次世界大戰、歐洲的集中營、柬埔寨的萬人塚，來自越南、中美洲及其他地區流離失所的難民；我們也需要明確地表達政策，以處理這些「垃圾」。

我們需要利用二十世紀的苦難作為肥料，才能攜手讓二十一世紀開出美麗的花朵。

看到有關納粹慘無人道的照片或節目時，例如煤氣室和集中營，我們感到害怕。我們可能會說：「這種事我沒做過，是他們做的。」可是如果當年易地而處，我們也可能做出同樣的事，或像許多人一樣，膽小懦弱，不敢挺身阻止。我們得把這一切放進自己的肥料堆裡，讓土壤肥沃。

今天在德國，年輕人有一種情結，覺得自己總該為那場浩劫負責。重要的是，這些年輕人以及該為當年戰爭負責的世代要重新出發，共同開創一條正念之道，讓我們的孩子在下一個新的世紀避免重蹈覆轍。

認識及欣賞文化差異的包容力，是我們可以為二十一世紀的兒童培育的一朵鮮花；另一朵花是有關苦難的真理——在我們這個世紀有太多苦難其實是不必要的。

如果我們願意一起努力，一起學習，所有人都能從我們這個時代所犯的過錯中獲益，而當我們以慈悲與瞭解的眼光看待一切時，就能給予下一個世紀一座美麗的花園，以及一條明確的道路。

牽著你孩子的手，請他／她跟你到戶外，一起坐在草地上。你們兩人可能想要靜觀綠草、草叢中的小花，還有藍天，一起呼吸、微笑——那就是和平的教育。如果我們知道如何欣賞這些美麗的事物，就不必尋求其他任何東西。和平寧靜就在當下的每一刻，在每一口呼吸，也在跨出的每一步。

在我們攜手同遊的這趟旅程中，我感到很愉快，希望你也有同樣的感受。我們將來還會再見。

BA1013R

橘子禪：呼吸，微笑，步步安樂行

Peace Is Every Step: The Path of Mindfulness in Everyday Life

作　　者　一行禪師（Thich Nhat Hanh）
譯　　者　方怡蓉
責任編輯　于芝峰
協力編輯　洪禎璐
內頁排版　宸遠彩藝
內頁插圖　Freepik.com
封面設計　柳佳璋

發 行 人　蘇拾平
總 編 輯　于芝峰
副總編輯　田哲榮
業務發行　王綬晨、邱紹溢
行銷企劃　陳詩婷
出　　版　橡實文化 ACORN Publishing
臺北市105松山區復興北路333號11樓之4
電話：（02）2718-2001　傳真：（02）2719-1308
E-mail信箱：acorn@andbooks.com.tw
網址：www.acornbooks.com.tw
發　　行　大雁出版基地
臺北市105松山區復興北路333號11樓之4
電話：（02）2718-2001　傳真：（02）2718-1258
讀者服務信箱：andbooks@andbooks.com.tw
劃撥帳號：19983379　戶名：大雁文化事業股份有限公司

印　　刷　中原造像股份有限公司
三版一刷　2020年03月
三版四刷　2022年09月
定　　價　350元
I S B N　978-986-5401-21-4

橘子禪：呼吸，微笑，步步安樂行／一行禪師（Thich Nhat Hanh）著；方怡蓉譯. －三版. －臺北市：橡實文化出版：大雁出版基地發行，2020.03
224面；22*17公分
譯自：Peace is every step : the path of mindfulness in everyday life
ISBN 978-986-5401-21-4（平裝）

1.佛教修持　2.生活指導

225.87　　109000369